GUERRA ESPIRITUAL

EN LA VIDA DEL CREYENTE

COLECCIÓN CLÁSICOS

CHARLES SPURGEON

GUERRA ESPIRITUAL

EN LA VIDA DEL CREYENTE

COMPILADO Y EDITADO POR ROBERT HALL

P.O. Box 1138 Tyler, TX 75710-1138

Editorial JUCUM forma parte de Juventud con una Misión, una organización de carácter internacional.

Si desea un catálogo gratuito de nuestros libros y otros productos, solicítelo por escrito o por teléfono a:

Editorial JUCUM
P. O. Box 1138, Tyler, TX 75710-1138 U.S.A.
E-Mail: info@editorialjucum.com
Teléfono: (903) 882-4725
www.editorialjucum.com

Guerra espiritual en la vida del creyente

Versión Castellana: Antonio Pérez
Editado por: Miguel Peñaloza
Publicado por Editorial JUCUM
P.O. Box 1138, Tyler, TX 75710-1138 U.S.A.

Originalmente publicado en inglés con el título *Spiritual Warfare In a Believer's Life*

Publicado por Emerald Books
P. O. Box 635
Lynnwood, Washington 98046

ISBN-978-1-57658-860-4

Segunda edición

A menos que se especifique, los textos bíblicos aparecidos en este libro han sido tomados de la Santa Biblia: Reina Valera 1960.

Impreso en los Estados Unidos.

Dedicado a mi hijo

Nils

«Os escribo a vosotros, jóvenes, porque sois fuertes, y la palabra de Dios permanece en vosotros, y habéis vencido al maligno».

Acerca del editor

ROBERT HALL es el seudónimo de Lance Wubbels, gerente y editor de *Bethany House Publishers*. Se interesó por la obra de Charles Spurgeon al iniciar una investigación para un proyecto editorial que requería la lectura dilatada de sus sermones. Y descubrió un gran caudal de sermones clásicos, llenos de discernimiento práctico, bíblico, para todo creyente, escritos en un estilo perenne que los hace tan relevantes hoy como cuando fueron predicados. La intención del editor es seleccionar y presentar los escritos de Spurgeon de forma atractiva a un amplio círculo de lectores, de suerte que uno de los grandes predicadores de todos los tiempos siga enriqueciendo la vida de muchos creyentes.

Acerca del autor

CHARLES HADDON SPURGEON (1834-1892), británico notable, conocido como el «Predicador de los marjales», es uno de los predicadores más grandes de todos los tiempos. Fue pastor de una floreciente congregación rural hasta que en 1854 aceptó una invitación para pastorear la capilla londinense de New Park Street. Este edificio pronto se quedó pequeño, por lo que en 1859 se inició la construcción del Tabernáculo Metropolitano. Mientras tanto, sus sermones semanales se imprimían y se vendían ampliamente —25.000 copias por semana en 1865—, y se traducían a más de veinte idiomas.

Spurgeon edificó el Tabernáculo Metropolitano, que llegaría a acoger más de 6.000 fieles. Después se añadirían más de 14.000 miembros durante sus treinta y ocho años de ministerio londinense. Equipado con voz clara, dominio del idioma, extenso conocimiento bíblico y amor profundo y sincero a Cristo, Spurgeon predicó algunos de los sermones más notables de la historia. Se han conservado la friolera de 3.561 sermones suyos en sesenta y tres volúmenes, *El púlpito de New Park Street* y *El púlpito del Tabernáculo Metropolitano*, de los que han sido seleccionados y editados los capítulos de este libro.

Se estima que Spurgeon predicó durante su vida a unos 10 millones de personas. Sigue siendo el predicador más leído de la historia. Hay más material suyo escrito, disponible, que de ningún otro autor cristiano, vivo o muerto. Sus sesenta y tres volúmenes de sermones destacan como la mayor colección de libros de un solo autor en la historia del cristianismo, y equivalen a veintisiete volúmenes de la novena edición de la *Enciclopedia Británica*.

Índice

Introducción

Cuando charles spurgeon llegó a la capilla de New Park Street en 1854, la congregación sumaba 232 miembros. Cuando finalizó su servicio pastoral, ese número había oficialmente aumentado hasta 5.311, lo que suponía la mayor congregación independiente del mundo. Ningún edificio parecía ser lo suficientemente espacioso como para acoger a los que le querían oír predicar. De vez en cuando, Spurgeon rogaba a los miembros de su congregación que no asistieran al servicio religioso de la semana siguiente para que los nuevos visitantes que esperaban afuera pudieran encontrar un asiento, y el edificio se volvía a llenar inmediatamente. Una vez se dirigió a una audiencia de 23.654 personas sin micrófono ni amplificación mecánica.

¿Qué tenían sus predicaciones para atraer multitudes de todos los estratos sociales británicos? ¿Por qué el primer ministro W. E. Gladstone, miembros de la familia real y del parlamento asistían a su templo conocido como «la iglesia de los tenderos»? Sin duda, la combinación de una hermosa voz, estilo dramático y seductor encanto, una espiritualidad ancha y profunda, así como un hondo compromiso con la teología bíblica, contribuyen considerablemente a explicar cómo pudo tomar la ciudad de Londres por asalto. Pero quizás el factor más significativo fue que Spurgeon siempre se esforzara por ser un comunicador. Él predicaba a la gente común en su propio lenguaje, en un estilo que fue tildado de «vulgar». Se dirigía a la gente dondequiera que estuviese y apelaba sencillamente a sus necesidades más profundas. Describía oralmente imágenes dramáticas, elocuentes e incluso jocosas. En dos palabras, fue un apasionado expositor bíblico del evangelio que ofreció un mensaje culturalmente relevante.

A juzgar por el gran número de sermones que Spurgeon dedicó específicamente al tema de la guerra espiritual, uno tiene la clara impresión de que ésta era una esfera de interés importante para la gente común de su tiempo. Muchos de sus sermones recibieron títulos como «Cristo, vencedor de Satanás», «Un antídoto contra las artimañas satánicas», «Impedimentos satánicos», y «la armadura cristiana». Pero manteniendo su estilo práctico, el enfoque de Spurgeon no tiene nada de abstracto, etéreo o místico. Él ponía su mira donde veía que Satanás estaba actuando en la vida de la gente —esclavizándola en el pecado, apartándola de la influencia del evangelio, obstaculizando su desarrollo espiritual, impidiendo la influencia plena del evangelio, causando desánimo, depresión y fracaso moral.

En ese contexto, Spurgeon predicó la poderosa victoria de Cristo sobre Satanás y el poder de las tinieblas. La cruz y la resurrección destacan como campo de batalla en el que Cristo exhibió la derrota pública del enemigo de la humanidad y reclamó todo lo que se había perdido en la Caída. Los creyentes comparten esta victoria en su unión con Cristo —una victoria que no sólo les protege en superegrinaje al cielo, sino que les hace más que vencedores durante su vida—. Armados con la Palabra de Dios y la gracia, los creyentes disponen de poder para permanecer firmes en la batalla, así como para recuperar terreno enemigo. Y es una victoria que marca la diferencia donde vive el creyente —en el hogar, el puesto de trabajo, y especialmente en la privacidad de la vida cristiana donde el acoso del pecado, la mentira satánica y los ataques espirituales se han cobrado su peaje.

El mensaje de Spurgeon nació de su experiencia personal. Antes de su conversión, fue atormentado espiritualmente por cinco años con el horror de su perdición y nunca dejó de predicar acerca de la liberación que Cristo proporciona a las almas cansadas. Durante sus años de ministerio fue calumniado y escarnecido por la prensa y otros ministros. Spurgeon se tomó en serio la tremenda responsabilidad del cuidado pastoral de una congregación tan grande, por lo que trabajó largo y tendido en el ministerio. Sufrió emocionalmente, conoció bien la depresión y la duda recurrentes. Y rara vez estuvo libre de dolores físicos a partir de 1871 —ya que padeció gota y fue afligido con ataques que duraron semanas y hasta meses—. Fue un veterano experimentado en confrontar a Satanás en cada esquina y derrotarlo con el poder del evangelio.

Le invito a leer estos doce sustanciosos capítulos sobre guerra espiritual, a escuchar a un pastor diestro y digno de confianza. No hay nada especulativo acerca de la enseñanza de Spurgeon; nada que le deje en los lugares celestiales dudando de los principados y potestades y cómo ha de afrontarlos. Spurgeon le encontrará donde usted habita, de una manera comprensible que le inspire y le desafíe. Le esperan mensajes transformadores sobre la victoria espiritual.

Una esmerada edición ha ayudado a afinar el enfoque de estos sermones, y al mismo tiempo, a retener el sabor auténtico e imperecedero que sin duda encierran.

¿Quiénes son esos horribles monstruos en las ruedas del carro del Vencedor? En primer lugar, está el archienemigo. Fíjese en la vieja serpiente, atada y encadenada; ¡cómo retuerce su larga cola! Sus tonalidades azul celeste están deslustradas de arrastrarse en el polvo, sus escamas están privadas de su alardeada brillantez. Ahora es la cautividad hecha cautiva, la muerte y el infierno son arrojados al lago de fuego. ¡A qué burlas es sometido el jefe de los rebeldes! ¡Cómo se ha convertido en objeto de sempiterno desprecio! «El que mora en los cielos se reirá; el Señor se burlará de ellos» (Sal. 2:4). He aquí la cabeza de la serpiente herida y el dragón hollado. Y ahora considere atentamente ese horrendo monstruo, el Pecado, encadenado, de la mano de su padre satánico. Fíjese cómo extiende sus fieros globos oculares; note cómo divisa la ciudad santa, pero es incapaz de escupir en ella su veneno, porque está encadenado y amordazado, y es arrastrado, cautivo forzoso, en las ruedas del vencedor. Y allí también está la vieja Muerte —reina sombría de los terrores— con sus dardos quebrados y sus manos atadas en la espalda, porque ella también es cautiva. Escuche las canciones de los redimidos, de los que han entrado en el paraíso y ven que esos poderosos prisioneros son arrastrados. «Digno es Él», gritan, «de vivir y reinar a la diestra de su Padre Omnipotente, porque Él ha ascendido a las alturas; ha llevado cautiva la cautividad y recibido dones para los hombres».

1

Cristo vencedor

Y despojando a los principados y a las potestades, los exhibió públicamente, triunfando sobre ellos en la cruz —*Colosenses 2:15*

Para la razón la cruz es el centro de la pena y el abismo de la vergüenza. Jesús sufre la muerte de un criminal. Pende de la cruz de delincuente y derrama su sangre sobre el monte común de la condenación, con ladrones por compañeros. En medio de la burla, el escarnio, la befa y la blasfemia, entrega su espíritu. La tierra lo rechaza y le levanta de su superficie, y el cielo no le concede luz, sino oscuridad a mediodía, en la hora de máxima angustia. La imaginación no puede descender a mayor aflicción que la que conoció el Salvador. La propia malicia satánica no podría fabricar una calumnia más negra que la que fue lanzada sobre Él. Jesús no escondió su rostro de injurias y de esputos, y ¡qué terrible escarnio fue el que sufrió! Para el mundo la cruz siempre será símbolo de oprobio: para el judío piedra de tropiezo y para el griego necedad.

Cuán distinto es, no obstante, el aspecto que presenta la vida al ojo de la fe. La fe no conoce oprobio en la cruz, excepto la ignominia de los que clavaron en ella al Salvador; no ve ninguna razón para el desprecio, sino arroja indignación y aborrecimiento contra el pecado, el enemigo que traspasó al Señor. La fe contempla, desde luego, el infortunio; pero desde esta desgracia, señala una fuente de la que mana la misericordia. Es cierto que se lamenta de un Salvador moribundo, pero le admira como dador de vida e inmortalidad que ilumina en el preciso instante en que su alma fue eclipsada con sombra de muerte. La fe considera la cruz, no como símbolo de ignominia, sino como prueba de honor. Los hijos de Belial colocan la cruz en el polvo, pero el cristiano la troca en constelación y la ve refulgir en el séptimo cielo. El hombre escupe ante ella, pero los creyentes, con ángeles por compañeros, se inclinan y adoran al que vive para siempre, aunque fuese inmolado.

El texto inicial presenta una porción de la visión que la fe descubrirá ciertamente si tiene los ojos ungidos con el bálsamo del Espíritu Santo. Afirma que la cruz fue el campo de batalla de Jesucristo. Allí Él luchó y venció. Como vencedor en la cruz, repartió despojos. Más aún: el texto asegura que la cruz fue el carro triunfal de Cristo, al que se subió cuando retuvo cautiva la cautividad y recibió dones para los hombres. Calvino expuso admirablemente la última frase del texto:

> La expresión en griego permite ciertamente centrar la lectura *en Él*; Pero la conexión del pasaje exige, no obstante, leerlo de otra manera; porque lo que sería escaso aplicado a Cristo se acomoda bien aplicado a la cruz. Porque como Él había comparado la cruz a un trofeo indicador, o señal de victoria, mediante la que Cristo se impuso a sus enemigos, así también ahora la compara a una cuadriga o carro romano de carrera triunfal en la que exhibe gran magnificencia. Porque no hay tribunal tan magnífico, ni trono tan majestuoso, ni demostración de victoria tan distinguida, ni cuadriga tan elevada como la horca en la que Cristo ha sometido a la muerte y al diablo, príncipe de la muerte; más aún, los ha pisoteado bajo sus pies.

Me propongo primeramente describir *Cómo derrota Cristo a sus enemigos en la cruz*. Una vez hecho esto, guiaré su fe y su imaginación más allá para ver al Salvador en procesión triunfante sobre su cruz, llevando a sus enemigos cautivos y exhibiéndolos públicamente ante la mirada de un universo atónito.

Cristo derrota a los principados y potestades

Satanás, aliado con el pecado y la muerte, hizo de este mundo hogar del infortunio. El príncipe de la potestad del aire, no contento con sus dominios en el infierno, invadió esta hermosa tierra. Halló a nuestros primeros padres en el jardín del Edén; los tentó a prescindir de su lealtad al Rey del cielo; y se convirtieron de inmediato en sus esclavos —para siempre, de no haberse interpuesto el Señor del cielo para rescatarlos—. La voz de la misericordia fue oída cuando los grilletes eran remachados a sus pies, clamando: «*Aún seréis libres*». En la plenitud del tiempo vendrá Uno que magullará la cabeza de la serpiente y librará a sus prisioneros de la casa de esclavitud. Mucho ha tardado en cumplirse la promesa. La tierra gemía y se afligía en su esclavitud. El hombre fue esclavo de Satanás; pesadas eran las chirriantes cadenas que ataban su alma.

Por fin, en la plenitud de los tiempos, llegó el *libertador*, nacido de una mujer. Este niño *vencedor* nació en un establo —un día ataría al dragón antiguo y lo arrojaría al abismo insondable—. Cuando la vieja serpiente se enteró del nacimiento de su enemigo, conspiró para darle muerte; se alió con Herodes para destruir al niño, pero la providencia divina preservó al futuro *conquistador*. Cuando el *libertador* llegó a la plenitud de su edad, hizo pública aparición y empezó a predicar libertad a los cautivos y apertura de la cárcel a los presos. Entonces, Satanás volvió a disparar sus flechas y procuró acabar con la simiente de la mujer. Por diversos medios trató de degollarle antes de su tiempo. Los judíos tomaron piedras para apedrearle; trataron de arrojarle de bruces de lo alto de una colina. Muchos peligros le rodearon, pero fue invulnerable hasta que llegó su hora.

Por fin, el horrendo día llegó. Metro a metro, el *vencedor* luchó contra el espantoso tirano. Se oyó una voz en el cielo: «Mas esta es vuestra hora, y la potestad de las tinieblas». Y Cristo mismo exclamó: «Ahora es el juicio de este mundo; ahora el príncipe de este mundo será echado fuera». De la mesa de la comunión, el Redentor se levantó a medianoche y afrontó la batalla. ¡Cuán terrible fue la prueba! En el primer envite el poderoso *vencedor* pareció vencido. Derribado por tierra en el primer asalto, cayó sobre sus rodillas y exclamó: «Padre, si quieres, pasa de mí esta copa». Recuperadas sus fuerzas, fortalecido por el cielo, a partir de ese momento no pronunció palabra que reflejara renuncia a la batalla. Desde la terrible escaramuza bañada de sudor de sangre se aventuró a la espesura de la batalla. El beso de Judas, por así decirlo, representó el primer sonido de trompeta; el tribunal de Pilato fue el resplandor de la lanza; el latigazo cruel fue el choque de espadas; pero la cruz fue el centro de la batalla. En lo alto del Calvario ha de ser librada la espantosa batalla por la eternidad. Ahora debe levantarse el Hijo de Dios y ceñirse la espada a su cintura. Una derrota pavorosa o victoria gloriosa espera al Campeón de la iglesia. *¿Qué resultará?*

Contenemos la respiración con anhelante suspense mientras ruge la tormenta. Oigo el sonido de trompeta. Los aullidos y alaridos del infierno se elevan en clamor imponente. El foso está vaciando sus legiones. Terribles como leones, hambrientos como lobos, y negros como la noche, los demonios se precipitan en miríadas. Las fuerzas satánicas de reserva —mantenidas desde hace mucho para este día de conflicto terrible— rugen en sus guaridas. ¡Cuán incontables son sus ejércitos y cuán feroces sus semblantes! Blandiendo su espada, el archienemigo dirige la caravana obligando a sus seguidores a no luchar contra grande o pequeño, sino sólo contra el Rey de Israel. Terribles son los líderes de la contienda. El pecado está presente, y sus innumerables vástagos, escupiendo veneno de áspides, hincando sus mandíbulas en la carne del Salvador. La muerte se presenta en su caballo pálido y su dardo cruel traspasa el cuerpo de Jesús hasta el corazón. «Su alma estaba muy triste, hasta la muerte». Llega el infierno con sus carbones encendidos y sus fieros dardos.

El comandante en jefe de todos ellos es Satanás. Recordando bien el antiguo día en que Cristo le arrojó de los campos de batalla del cielo, se apresura a atacar con toda malicia, a voz en grito. Los dardos disparados al aire son incontables, oscurecen el sol. Tinieblas cubren el campo de batalla, y como las de Egipto, son unas tinieblas que se palpan. Parece haber vacilación en la batalla, ya que sólo combate uno contra muchos. Un hombre —mejor dicho, para que nadie me malentienda—, un *Dios*, dispuesto para el combate, contra diez mil principados y potestades. Se acercan, se acercan, y Él los recibe. En silencio, permite al principio que sus filas irrumpan sobre Él, con frialdad tan severa y terrible que no malgasta un pensamiento para gritar.

Por fin se oye el grito de batalla. El que lucha por su pueblo comienza a gritar, pero su grito hace temblar a la iglesia. Exclama: «Tengo sed». La batalla arrecia tanto y la nube de polvo es tan densa que se atraganta de sed. Exclama: «Tengo sed». Ciertamente, ahora está a punto de ser derrotado. Pero, un momento; el enemigo se apresura hacia su destrucción. Toda su furia y su rabia es en vano —el último rango ataca—. La batalla de los siglos casi ha finalizado. Por fin, se disipan las tinieblas. Recuerde que el vencedor exclama: «¡Consumado es!». ¿Dónde están ahora sus enemigos? Están todos muertos. Ahí yace el rey del terror, ¡atravesado con uno de sus propios dardos! Ahí yace Satanás con su cabeza sangrante y destrozada. Allá se arrastra la fracturada serpiente, retorciéndose en horrenda miseria. En cuanto al pecado, ha sido pulverizado y esparcido a los vientos celestiales. «*Consumado es*», exclama el *vencedor*. «He pisado yo solo el lagar. . . pisé con mi ira, y los hollé con mi furor; y su sangre salpicó mis vestidos» (Isaías 63:3).

Y acto seguido procede a *repartir el botín*. Hacemos una pausa para notar que la repartición del botín es señal segura de que se ha ganado completamente la batalla. El enemigo nunca permitiría que se repartiera el botín entre los vencedores en tanto le quedase alguna fuerza. Podemos deducir, por el texto, que Jesucristo ha derrotado a sus enemigos totalmente, de una vez por todas, y los ha hecho retroceder.

¿Qué significa la expresión que Cristo reparte el botín? Asumo que significa, en primer lugar, que Cristo *desarmó a todos sus enemigos*. Satanás arremetió contra Cristo; él empuñaba una espada aguda llamada Ley, empapada del veneno del pecado, de manera que toda herida que infligiera fuese letal. Cristo arrebató la espada de la mano de Satanás y el príncipe de las tinieblas quedó desarmado. Su yelmo quedó partido en dos, y su cabeza, aplastada con una vara de hierro. La Muerte se levantó contra Cristo. El Salvador le arrancó la aljaba de la Muerte, vació sus dardos, los partió en dos, le devolvió el extremo emplumado de la Muerte, pero retuvo sus dardos envenenados, para que nunca pudiera destruir a los redimidos. El pecado arremetió contra Cristo, pero fue pulverizado del todo. Había sido el paje de armas satánico, pero su escudo fue inutilizado y arrojado en el llano.

¡Qué imagen tan extraordinaria es el contemplar a todos los enemigos de Cristo completamente desarmados! A Satanás no le queda nada para atacarnos. Puede lesionarnos, pero no puede herirnos, porque su espada y su lanza le han sido arrebatadas. En las guerras antiguas, especialmente de los romanos, cuando el enemigo era vencido, se acostumbraba a despojarle de todas sus armas y municiones. Luego de ser privado de su armadura y de su ropa, se le ataba las manos a la espalda y se le hacía pasar bajo el yugo. Así ha derrotado Cristo el pecado, la muerte y el infierno. Él los hizo pasar a todos bajo el yugo para que fuesen esclavos nuestros, y en Cristo les hemos vencido. Interpreto que este es el primer significado del repartimiento del botín —el desarme total del adversario.

Cuando los vencedores reparten el botín, se llevan todos los tesoros pertenecientes a sus enemigos. Desmantelan sus fortalezas y saquean sus almacenes para que en el futuro no puedan lanzar otro ataque. Cristo ha hecho esto con todos sus enemigos. El viejo Satanás se había apoderado de todas nuestras posesiones. Añadió el Paraíso a sus territorios. Todo el gozo, la paz y la felicidad que Satanás robó al hombre —no es que él pudiera disfrutarlos, pues se deleitaba en sumirnos en la pobreza y la condenación—, toda esa herencia perdida, Cristo nos la ha devuelto. El Paraíso es nuestro: Cristo nos ha devuelto más gozo y más felicidad que Adán tenía. ¡Oh ladrón de nuestra raza!, ¡cómo has sido despojado y llevado cautivo! ¿Despojaste a Adán de sus riquezas? El segundo Adán te las ha quitado. ¡Cómo ha sido quebrado el martillo de la tierra y el derrochador ha sido desolado! Una vez más el manso heredará la tierra. «Entonces se reparten los despojos del gran botín. El cojo participa de la presa».

Además, cuando los vencedores se reparten el botín, lo normal es que se lleven todos los ornamentos —las coronas y las joyas— del enemigo. Cristo en la cruz hizo lo propio con Satanás. Éste tenía una altiva corona de triunfo en su cabeza. «Yo vencí al primer Adán», llegó a decir. Pero Cristo le arrebató la corona de la frente cuando aplastó la cabeza de la serpiente. Y ahora Satanás no se puede jactar de una sola victoria; está completamente derrotado. En la primera escaramuza venció a la humanidad, pero en la segunda, la humanidad le batió. Satanás ya no es el príncipe del pueblo de Dios. El poder de su reino pasó. Puede intentarlo, pero no logrará imponerse. Puede amenazar, pero no dominar, porque ha perdido la corona sobre su cabeza, el poderoso ha sido humillado. Canta al Señor una nueva canción, pueblo suyo; hagan sonido agradable ante Él con salmos, todos sus redimidos, porque ha desmenuzado las puertas de hierro; ha roto el arco y deshecho la lanza; ha quemado los carros en el fuego; ha destrozado a nuestros enemigos y repartido el botín con los fuertes.

¿Cómo se aplica esto a nosotros? Sencillamente así: Si Cristo en la cruz ha arruinado a Satanás, no temamos confrontarnos con el archienemigo de nuestras almas. En todas las cosas debemos ser como Cristo. Debemos cargar nuestra cruz, y sobre la cruz debemos combatir, como lo hizo Cristo, contra el pecado, la muerte y el infierno. No temamos. El resultado de la contienda es seguro, porque como el Señor es nuestro Salvador, así también, con toda seguridad, nosotros le venceremos.

No tema nunca cuando el enemigo venga contra usted. Si él le acusa, respóndale: «¿Quién acusará a los escogidos de Dios?». Si le condena, búrlese de él y exclame: «¿Quién es el que condenará? Cristo es el que murió; más aún, el que también resucitó». Si le amenaza con separarle del amor de Cristo, confróntelo con confianza: «Estoy seguro de que ni lo presente, ni lo por venir, ni lo alto, ni lo profundo, ni ninguna cosa creada nos podrá separar del amor de Dios, que es en Cristo Jesús, Señor nuestro». Si lanza sus propios pecados contra usted, rechace los canes infernales declarando: «Si un hombre pecare, abogado tenemos para con el Padre, a Jesús el justo». Si la muerte le amenaza, grítele a la cara: «¿Dónde está, oh muerte, tu aguijón? ¿Dónde, oh sepulcro, tu victoria?».

Ice la cruz delante de usted. Qué ella sea su escudo y su broquel. Descanse tranquilo, seguro de que su Maestro batió al enemigo y capturó el botín, y así sucederá con usted. Sus batallas contra Satanás redundarán en su ventaja. Cuanto más numerosos sean los ataques, más grande será su participación en el botín. Su tribulación producirá paciencia, su paciencia experiencia, y su experiencia esperanza —una esperanza que no defrauda—. Póngase en orden de batalla contra el pecado y Satanás. Todos los que doblan arco disparen contra ellos, no reparen en flechas, porque sus enemigos son rebeldes contra Dios. Vayan contra ellos, písenles el cuello, no teman ni desmayen porque la batalla es del Señor, y el Señor le entregará el enemigo en sus manos.

Sea muy valiente, recuerde que su lucha es contra un dragón sin aguijón. Él puede silbar, pero tiene los dientes partidos y extraídos sus envenenados colmillos. Tiene que luchar contra un enemigo ya marcado por las armas de su Maestro. Cada golpe que usted le aseste le pasa factura, porque no tiene nada con qué protegerse. Cristo le despojó, quebró su armadura y le dejó indefenso. El enemigo puede acercarse a usted con horrendos rugidos y ruidos terribles, pero no hay nada que temer. Manténgase firme en el Señor. Regocíjese en el día de la batalla, porque para usted representa el comienzo de una eternidad victoriosa.

El triunfo

Cuando un general romano llevaba a cabo grandes proezas en el extranjero, su mayor recompensa era que el senado le declarara vencedor. Por supuesto, se repartía el botín en el campo de batalla, y cada soldado y cada capitán tomaba su parte, pero todo hombre aguardaba ilusionado el día en que disfrutaría de público reconocimiento. Cierto día señalado, las puertas de Roma se abrían de par en par, las casas se engalanaban, la gente se asomaba a las azoteas o se agolpaba multitudinariamente en las calles. Se abrían las puertas y aparecía la primera legión con pancartas y sonido de trompetas. La gente admiraba a los sufridos guerreros que desfilaban por las avenidas de la capital después de haber combatido en campos de batalla ensangrentados.

Después de que medio ejército hubiera desfilado, los ojos se fijaban en uno que era el centro de atracción: montado en una cuadriga especial arrastrada por caballos blancos, pasaba el vencedor, de pie, coronado con laurel. Encadenados a su cuadriga iban los reyes y poderosos de las regiones conquistadas. Inmediatamente después de ellos se exhibía parte del botín. Allí desfilaba el marfil, el ébano y las bestias de los países sometidos. A todo ello sucedía el resto de los soldados, una larga caravana de hombres valientes, partícipes todos de la victoria de su capitán. Detrás de ellos se enarbolaban pancartas, las viejas banderas que habían ondeado en la batalla, los estandartes arrebatados al enemigo. Después de éstos, grandes emblemas pintados con las rotundas victorias del guerrero. Uno exhibía un enorme mapa con los ríos que habían cruzado o los mares que su flota había surcado. Todo se representaba gráficamente; el populacho gritaba cuando veía las insignias de cada triunfo. Y después aparecían los prisioneros de menor rango. La retaguardia se cerraba con toques de trompeta que culminaban la aclamación del gentío. Era un día de honor para la antigua Roma. Los niños nunca olvidarían esos triunfos;

contarían sus años desde una victoria hasta la siguiente. Se celebraban fiestas solemnes. Las mujeres arrojaban flores delante del emperador que ocupaba el trono.

El apóstol Pablo toma esto como una representación de lo que Cristo hizo en la cruz. Dice: «[Despojando a los principados y potestades] los exhibió públicamente, triunfando sobre ellos en la cruz». ¿Ha considerado usted alguna vez que la cruz fuera el escenario del triunfo? Muchos comentaristas antiguos apenas pueden concebir que sea cierto. Afirman que esto debe hacer seguramente referencia a la resurrección y ascensión de Cristo. Sin embargo, la Escritura asegura que, incluso en la cruz, Cristo experimentó victoria. Efectivamente, aunque aquellas manos sangraran, la aclamación de los ángeles fue derramada sobre su cabeza. Aunque sus pies fueran desgarrados con clavos, los espíritus más nobles del mundo le coronaban en derredor con admiración. Y cuando sobre aquella cruz manchada de sangre murió Jesús sumido en una agonía inenarrable, se oyó un grito como jamás se había oído por los redimidos en el cielo, y todos los ángeles de Dios, con resonantes armonías, le cantaron alabanzas. Entonces fue cantado, a coro completo, el cántico de Moisés —siervo de Dios y del Cordero— porque había herido gravemente al dragón.

La cruz es la base de la victoria definitiva de Cristo. Podemos asegurar que Cristo venció realmente allí porque por ese mismo acto suyo —de inmolarse a sí mismo— venció a todos sus enemigos y se sentó para siempre a la diestra de su Majestad en las alturas. En la cruz radican, para el ojo espiritual, todas las victorias de Cristo: el germen de las glorias de Cristo puede ser descubierto por el ojo de la fe en la agonía de la cruz. Acompáñeme mientras humildemente intento reflejar la victoria que ahora resulta de la cruz.

Cristo ha vencido para siempre a sus enemigos y repartido el botín en el campo de batalla, y actualmente disfruta una bien merecida recompensa y la victoria de su aterradora contienda. Alce sus ojos a las almenas celestiales, a la gran metrópoli de Dios. Las puertas perladas están abiertas de par en par; la ciudad brilla con sus murallas adornadas con piedras preciosas, como una novia ataviada para su esposo. ¿Ve usted cómo abarrotan los ángeles las almenas? ¿Les contempla en cada mansión de la ciudad celestial aguardando anhelosamente algo que aún no ha llegado?

Por fin, se oye el toque de trompeta; los ángeles se apresuran hacia las puertas; la vanguardia de los redimidos se aproxima a la ciudad. Abel entra solo, vestido con ropaje carmesí, heraldo de un glorioso ejército de mártires. Recuerde el grito de aclamación. Este es el primer guerrero de Cristo —al mismo tiempo soldado y trofeo— que ha sido liberado. No lejos de sus talones le siguen otros que en aquellos primeros tiempos conocieron la fama del Salvador que iba a venir. Detrás de ellos aparece una hueste poderosa de veteranos patriarcas que han sido testigos de la venida del Señor. Ahí va Enoc, caminando todavía con su Dios y cantando dulcemente: «He aquí, vino el Señor con sus santas decenas de millares» (Judas 14). Ahí también va Noé, quien navegara en el arca con el Señor como piloto. Luego le siguen Abraham, Isaac y Jacob, Moisés, Josué, Samuel y David, todos hombres poderosos y valientes. Escúcheles hacer su entrada. Todos ellos saludan con su yelmo y exclaman: «Al que nos amó, y nos lavó de nuestros pecados con su sangre... a él sea gloria e imperio por los siglos de los siglos» (Ap. 1:5-6).

Observe y admírese de este noble ejército. Note que los héroes marchan por calles de oro y reciben la entusiasta bienvenida de los ángeles que han guardado su primer estado. Afluyen innumerables legiones —¿se ha visto acaso algo semejante?—. No es espectáculo de un día, sino de todos los tiempos. Por cuatro mil años, cual arroyo, desfilan los redimidos de Cristo. A veces aparece un pequeño rango, porque a veces el pueblo ha disminuido y sido asesinado. Pero entonces, sucede una multitud, y aparecen otros, todos gritando y alabando al que les amó y entregó su vida por ellos.

Pero ahí viene Él. Veo su heraldo precursor, con indumentaria de pelos de camello y cinturón de cuero ceñido a sus lomos. El Príncipe de la casa de David no está lejos. Ábranse bien todos los ojos. Note ahora que no sólo los ángeles, sino también los redimidos se apiñan ante las ventanas celestiales. ¡Él viene! ¡Él viene! ¡Cristo en persona! Azoten a los níveos caballos que ascienden por las colinas eternas: «Alzad, oh puertas, vuestras cabezas, y alzaos vosotras, puertas eternas, y entrará el Rey de gloria» (Sal. 24:7). Mire cómo entra en medio de vítores. ¡Es Él! Pero no está coronado de espinas. ¿O acaso sí? Y aunque sus manos tengan marcas y cicatrices, ya no están ensangrentadas. Sus ojos son llamas de fuego; lleva muchas coronas sobre su cabeza; y en su vestimenta y su muslo está escrito REY DE REYES Y SEÑOR DE SEÑORES. Ataviado con una túnica teñida en sangre es declarado emperador del cielo y de la tierra.

Él sigue cabalgando, y más que el estruendo de muchas aguas, como grandes truenos, son las aclamaciones que le rodean. Vea cómo la visión de Juan se hace realidad, porque ahora podemos ver con nuestros propios ojos y oír con nuestros propios oídos el cántico nuevo del que dice:

> Y cantaban un nuevo cántico, diciendo: Digno eres de tomar el libro y de abrir sus sellos; porque tú fuiste inmolado, y con tu sangre nos has redimido para Dios, de todo linaje y lengua y pueblo y nación; y nos has hecho para nuestro Dios reyes y sacerdotes, y reinaremos sobre la tierra. Y miré, y oí la voz de muchos ángeles alrededor del trono, y de los seres vivientes, y de los ancianos; y su número era millones de millones, que decían a gran voz: El Cordero que fue inmolado es digno de tomar el poder, las riquezas, la sabiduría, la fortaleza, la honra, la gloria y la alabanza (Ap. 5:9-12).

Pero ¿quiénes viajan en las ruedas de su carro? ¿Quiénes son esos horribles monstruos que aúllan en la retaguardia? Les conozco. En primer lugar, está el archienemigo. Fíjese en la vieja serpiente, atada y encadenada; ¡cómo retuerce su larga cola! Sus tonalidades azul celeste están deslustradas de arrastrarse en el polvo, sus escamas están privadas de su alardeada brillantez. Ahora es la cautividad hecha cautiva, la muerte y el infierno son arrojados al lago de fuego. ¡A qué burlas es sometido el jefe de los rebeldes! ¡Cómo se ha convertido en objeto de sempiterno desprecio! «El que mora en los cielos se reirá; el Señor se burlará de ellos» (Sal. 2:4). He aquí la cabeza de la serpiente herida y el dragón hollado. Y ahora considere atentamente ese horrendo monstruo, el *Pecado*, encadenado, de la mano de su satánico padre. Fíjese cómo extiende sus fieros globos oculares; note cómo divisa la ciudad santa, pero es incapaz de escupir en ella su veneno, porque está encadenado y amordazado, y es arrastrado, cautivo forzoso, en las ruedas del *vencedor*. Y allí también está la vieja Muerte —reina sombría de los terrores— con sus dardos quebrados y sus manos atadas a la espalda, porque ella también es cautiva. Escuche los cánticos de los redimidos, de los que han entrado en el paraíso y ven que esos poderosos prisioneros son arrastrados cautivos. «Digno es Él», gritan, «de vivir y reinar a la diestra de su Padre Omnipotente, porque Él ha ascendido a las alturas; ha llevado cautiva la cautividad y recibido dones para los hombres».

Y he aquí que veo el grueso de su pueblo desfilar. Los apóstoles llegan primero en un grupo, cantando himnos a su Señor, después sus seguidores inmediatos, y después un gran conjunto que, en medio de mofas crueles, sangre, fuego y espada, ha seguido a su Maestro. Estos son aquellos de los cuales el mundo no era digno, que resplandecen más que las estrellas del cielo. Considere también a los grandes predicadores y confesores de la fe —Crisóstomo, Atanasio, Agustín, y por el estilo. Presencie su santa unanimidad en alabar a su Señor. Luego deje que su ojo se deslice por los relucientes rangos hasta arribar a los días de la Reforma. Veo en medio del escuadrón a Lutero, Calvino y Zuinglio, tres hermanos santos. Veo delante de ellos a Wycliffe, Hus y Jerónimo de Praga, marchando juntos. Y después veo un número incontable que van a la retaguardia del Rey de reyes y Señor de señores. Y mirando hacia abajo, a nuestro tiempo, veo una corriente cada vez más ancha y más extensa. Porque hay muchos soldados que han participado en estos días de la victoria de su Señor. Podemos lamentar su ausencia, pero regocijarnos de su presencia con el *Señor*.

Pero, ¿cuál es el grito unánime?, ¿qué canción resuena desde el primero hasta el último rango? Ésta: «Al que nos amó, y nos lavó de nuestros pecados con su sangre,... a él sea gloria e imperio por los siglos de los siglos» (Ap. 1:5-6). ¿Han cambiado de melodía? ¿Han puesto la corona sobre otra cabeza y encaramado a otro héroe en el carro? No. Se sienten satisfechos de que el fluir de la procesión triunfal siga su glorioso curso. Aún se regocijan mientras contemplan los nuevos trofeos de su amor, porque cada soldado es un trofeo, cada guerrero en el ejército de Cristo es otra prueba de su poder para salvar y de su victoria sobre la muerte y el infierno.

No puedo describir las imponentes imágenes al final del desfile: las ciudades que Él ha capturado, los ríos que ha cruzado, las provincias que ha sometido, las batallas que ha librado. Podría presentarle en primer lugar la imagen de las mazmorras del infierno voladas en átomos. Satanás había preparado en lo más hondo de las profundas tinieblas una prisión para los elegidos de Dios, pero Cristo no ha dejado piedra sobre piedra. Veo en la imagen las cadenas hechas añicos, las puertas de la prisión quemadas a fuego y sacudidos sus fundamentos. Veo en otra imagen el cielo abierto para todos los creyentes; veo las puertas que estaban fuertemente selladas abiertas por la palanca dorada de la expiación de Cristo. Veo en otra imagen la tumba expoliada; contemplo a Jesús en ella, dormitando un rato y corriendo la piedra para elevarse a la gloria y la inmortalidad. Pero no podemos quedarnos para describir las impresionantes imágenes de la victoria de su amor. Sabemos que llegará la hora en que la procesión triunfal cesará, cuando el último de los redimidos haya entrado en la ciudad de la felicidad y el gozo, y cuando se oiga por última vez el sonido de la trompeta, Él ascenderá al cielo y arrebatará a su pueblo para reinar con Dios, y con su Padre, por siempre jamás, en un mundo imperecedero.

¿Estará usted allí? ¿Verá todo ese esplendor? ¿Admirará su triunfo final sobre el pecado, la muerte y el infierno? ¿Cree en el Señor Jesucristo? ¿Es Él su confianza y su seguridad? ¿Ha entregado su alma a su cuidado? Si puede responder que sí sus ojos le verán en el día de su gloria; más aún, compartirá su gloria y se sentará con Él en su trono, como Él ha vencido y se ha sentado con el Padre en su trono. Que Dios aumente su fe, fortalezca su esperanza, inflame su amor y le prepare para ser partícipe de la herencia de los santos en luz; que cuando Él se presente volando en las nubes sobre las alas del viento, usted pueda estar listo para recibirle y ascender con Él para admirar por siempre la visión de su gloria.

Sobre todo, para resistir con éxito a Satanás, no sólo hemos de mirar la sabiduría revelada, sino la sabiduría encarnada. Aquí está el principal recurso para toda alma que es tentada. Debemos correr a Él, «el cual nos ha sido hecho por Dios sabiduría, justificación, santificación y redención» (1 Co. 1:30). Él tiene que enseñarnos, tiene que guiarnos, tiene que ser nuestro Todo en todo. Debemos mantenernos cerca de Él en comunión. Las ovejas nunca están tan a resguardo del lobo como cuando están cerca del pastor. Nunca estaremos tan protegidos de las flechas satánicas como cuando apoyamos la cabeza en el regazo del Señor. Creyente, camine según su ejemplo, viva diariamente en su compañerismo, confíe siempre en su sangre y, de esta manera, será más que vencedor sobre la astucia y la sutileza de Satanás.

2

Un antídoto contra las artimañas satánicas

Pero la serpiente era astuta, más que todos los animales del campo que Jehová Dios había hecho —Génesis 3:1

«A esa serpiente antigua», llamada diablo, Satanás, engañador, o mentiroso, se refirió Jesús cuando dijo a los judíos: «Cuando habla mentira, de suyo habla; porque es mentiroso, y padre de mentira» (Juan 8:44). En la creación, Dios se agradó en conceder sutileza a muchas bestias —a unas, astucia y fortaleza; a otras, instintos y maravillosa sabiduría— para la auto-preservación y obtención de alimentos. Pero todo instinto y sutileza de las bestias del campo son superados con creces por la sutileza de Satanás. Incluso el hombre, aunque más astuto que cualquier criatura, no es rival para la astucia de Satanás.

Satanás es el maestro engañador, capaz de vencernos por varias razones. Una de las principales es que es malicioso, ya que la malicia es el rasgo más productivo de la astucia. Cuando un hombre es vengativo, sorprende cuán astuto puede ser en la búsqueda de oportunidades para golpear. Cuando la enemistad se apodera de su alma y derrama su veneno en su sangre, se vuelve increíblemente hábil en los medios que emplea para provocar y ofender a su adversario. No, no hay nadie cargado de más malicia contra el hombre que Satanás, como lo demuestra diariamente, y esa malicia agudiza su visión innata, con lo que se torna extraordinariamente sutil.

Además, Satanás es un *ángel*, aunque caído. No cabe duda que, a partir de ciertas sugerencias bíblicas, se deduce que ocupó un rango muy alto en la jerarquía de ángeles antes de su caída, y sabemos que estos seres poderosos fueron dotados de gran capacidad intelectual que sobrepasa con mucho la que le fue concedida al hombre. Por lo tanto, no debemos esperar que un hombre, sin la ayuda de lo alto, pueda nunca contrarrestar a un ángel, especialmente a un ángel cuya inteligencia ha sido reforzada por la malicia.

Satanás puede ser muy astuto ahora —me atrevo a decir, con toda honestidad, más astuto que en los días de Adán— porque *ha tenido muchos tratos con la raza humana*. Su tentación a Eva fue la primera ocasión que tuvo de relacionarse con la humanidad, pero ha dedicado desde entonces todo su pensamiento diabólico y todos sus poderes a incordiar y arruinar a los hombres. No hay santo a quien no haya acosado ni pecador a quien no haya engañado. Con sus tropas de espíritus malignos ha ejercido continuamente un terrible control sobre los hijos de los hombres; por tanto, tiene bastante experiencia en toda clase de tentación.

Nunca ha entendido un anatomista el cuerpo humano como Satanás entiende el alma humana. Él no ha sido «tentado en todos los aspectos», pero si ha tentado a todos en todos. Ha intentado asaltar la dignidad humana de la cabeza a los pies, ha explorado el desarrollo de nuestra naturaleza e incluso las cavernas más secretas de nuestra alma. Ha escalado la ciudadela de nuestro corazón y se ha instalado en ella; ha investigado los recovecos más profundos de nuestro corazón y se ha sumergido en sus grandes profundidades. Supongo que no hay nada de la naturaleza humana que Satanás no haya desentrañado. Aunque, sin duda, él es el necio más grande que ha existido, no obstante, más allá de toda duda, es el más hábil de todos ellos. Podría añadir que no es una gran paradoja, ya que la astucia es siempre insensatez y otra forma de desvío de la sabiduría.

En primer lugar, definiré *la astucia y sutilidad de Satanás* y los métodos que usa para atacar nuestra alma. En segundo lugar, le daré algunos consejos respecto a *la sabiduría que tenemos que aplicar contra Satanás* y el único recurso que podemos usar efectivamente para impedir que la sutileza satánica sea instrumento para destruirnos.

La astucia y la sutileza de Satanás

Satanás revela su astucia y su sutileza por sus *métodos de ataque*. No ataca con incredulidad y desconfianza al hombre tranquilo y sosegado. Ataca a ese hombre en su punto más vulnerable. Amor a sí mismo, autoconfianza, mundanalidad —estas serán las armas que Satanás utilice contra él—. No es probable que a la persona que destaca por su depresión y su falta de mentalidad vital Satanás intente inflarla con orgullo. Más bien, examinándola y descubriendo cuáles son sus debilidades, Satanás la tienta para que dude de su llamado y procura empujarla hacia la desesperanza. Es probable que a la persona de salud robusta y fortaleza mental que disfruta de las promesas y se deleita en los caminos del Señor, Satanás no la ataque con incredulidad, porque percibe que este hombre tiene armadura para resistir en este punto particular, pero le atacará con orgullo, o con alguna seducción lujuriosa. Satanás nos examinará completa y exhaustivamente, y si ve que somos como Aquiles, vulnerables nada más en el tendón, disparará sus flechas contra nuestro punto débil.

Yo creo que Satanás rara vez ataca a un hombre en uno de sus puntos fuertes, sino que generalmente busca su punto débil, el pecado que le asedia. «Ahí», dice, «ahí lanzaré la flecha». ¡Dios, ayúdanos en la hora de la prueba y en el momento de conflicto! En efecto, a menos que el Señor nos ayude, este astuto enemigo puede hallar fácilmente suficientes grietas en nuestra armadura y enviar en seguida el arma letal a nuestra alma, para que caigamos heridos delante de él. Sin embargo, he notado que, por extraño que parezca, Satanás tienta algunas veces a los hombres precisamente en aquella cosa que cabría suponer que nunca sería un problema para ellos. ¿Cuál se imagina que fue la última tentación de John Knox en su lecho mortuorio? Quizás no haya existido un hombre que entendiera mejor que John Knox la gran doctrina de que «somos salvos por gracia». Knox atronó la doctrina desde el púlpito y la declaró firme y audazmente. Pero —quién iba a decirlo— el viejo enemigo de las almas atacó a John Knox con justicia propia y fariseísmo en su lecho de muerte. Se acercó a él y le dijo: «John, ¡cuán valientemente has servido a tu Maestro! Nunca te has acobardado ante los hombres; has comparecido delante de reyes y de príncipes, y nunca has temblado; un hombre como tú puede entrar en el reino de los cielos por su propio pie y vestir su propia túnica en las bodas del Altísimo». Grave y terrible fue la refriega que John Knox libró con el enemigo de las almas en torno a esa tentación.

Puedo describir una experiencia mía semejante. Yo pensaba que de todos los habitantes del mundo yo era el más libre de preocupaciones. Nunca me había inquietado, ni por un momento, el preocuparme por las cosas de este mundo. Siempre había tenido todo lo que necesitaba y me creía a salvo de la ansiedad respecto a tales asuntos. Sin embargo, no hace mucho, una pavorosa tentación se apoderó de mí, lanzándome a una mundanalidad de preocupación y pensamiento. Aunque resistí con todas mis fuerzas contra esta tentación, tardé bastante en vencer los pensamientos de desconfianza en relación con la provisión de Dios. Pero debo confesar que no había la más mínima razón, hasta donde acertaba a ver, para que tales pensamientos se cernieran sobre mí. Por ese motivo, y por muchos más, odio al enemigo más y más cada día, y he prometido, si es posible por medio de la predicación de la Palabra de Dios, sacudir los mismos pilares del reino satánico.

Las modalidades de ataque satánico traicionan su sutileza. Mientras usted se coloca su yelmo Satanás trata de lanzar su fiera espada contra su corazón; o mientras está buscando su coraza, él levanta su hacha de batalla para partirle el cráneo; o mientras observa el yelmo y la coraza, él procura ponerle la zancadilla. Él vigila para ver cuando no está en guardia o cuando está dormido. Estad, pues, alerta: «Vestíos de toda la armadura de Dios» (Ef. 6:11). «Sed sobrios, y velad; porque vuestro adversario el diablo, como león rugiente, anda alrededor buscando a quien devorar; al cual resistid firmes en la fe» (1 P. 5:8-9); y Dios le ayudará a prevalecer sobre él.

Una segunda cosa en la que Satanás revela su astucia es *las armas que suele usar contra nosotros*. A veces ataca al hijo de Dios con recuerdos de los días de su vida carnal, pero con mayor frecuencia con textos de la Escritura. Cuando dispara su flecha contra un creyente, suele lanzarla al vuelo prendida con la Palabra de Dios. Como el águila, cuando la flecha bebe su sangre, ve que la pluma que voló hasta su seno ha sido arrancada de su pechuga, así también el cristiano tendrá a menudo una experiencia similar. Dirá: «Aquí hay un texto que me encanta, sacado del Libro que estimo, sin embargo, se ha vuelto contra mí». ¿No le ha pasado a usted? Satanás atacó a Cristo diciendo: «Está escrito», y también le atacará a usted. ¿No ha aprendido a estar en guardia contra las tergiversaciones de la Escritura y el retorcimiento de la Palabra de Dios destinados a conducirle a la destrucción?

Otras veces, Satanás usará el arma de nuestra propia experiencia. Le dirá: «En tal y tal día pecaste de esta manera. ¿Cómo puedes ser un hijo de Dios?». Otra vez le dirá: «Eres un fariseo; por tanto, no puedes ser heredero del cielo». Entonces se pondrá a amontonar viejas historias ya olvidadas de incredulidades pasadas, de nuestras pasadas andanzas, y por el estilo, y se las arrojará a la cara. Le dirá: «¿Qué? ¿Tú eres cristiano? ¡Deberías serlo!». O posiblemente le tiente con un ejemplo: «Fulano de tal es un creyente; él lo ha hecho. ¿Por qué no puedes tú hacer lo mismo? Fulano de tal lo hace, y sale adelante, y es tan respetable como tú». Ándese con cuidado, porque Satanás sabe escoger sus armas. No se acerca a usted, si es un gigante, con una honda y una piedra. Se acerca armado hasta los dientes para eliminarle. Si él sabe que está protegido con cota de malla o armadura, de modo que el filo de su espada será rechazado por su armadura, le atacará con veneno mortal. Y si sabe que usted no puede ser destruido por ese medio, viendo que cuenta con un antídoto a mano, procurará tenderle una trampa. Y si es cauteloso, le enviará graves dificultades, o una avalancha aplastante de infortunios para subyugarle. Las armas de su milicia, siempre malignas, y a menudo espirituales e invisibles, son poderosas contra criaturas como nosotros.

La astucia del diablo se descubre en otra cosa —*en los agentes que emplea*—. El diablo no hace su trabajo sucio en solitario; él suele emplear a otros que lo hagan por él. Cuando Sansón fue vencido, Satanás contó con una Dalila dispuesta a tentarle y descarriarle. Satanás conoció el corazón de Sansón, donde estaba su punto débil, por lo que tentó a Sansón a través de la mujer que amaba. Un viejo teólogo dijo: «Hay muchos hombres cuya cabeza fue quebrada por su propia costilla»; y ciertamente, es verdad. Satanás a veces usa el marido de una mujer para derribarla y destruirla, o algún querido amigo como instrumento para precipitar la ruina de éste. Usted recordará que David lamentó este mal: «Porque no me afrentó un enemigo, lo cual habría soportado; ni se alzó contra mí el que me aborrecía... sino tú, hombre, al parecer íntimo mío, mi guía, y mi familiar; que juntos comunicábamos dulcemente los secretos, y andábamos en amistad en la casa de Dios» (Sal. 55:12-14).

«Con que», dice el enemigo, «¿pensaste que iba a enviar un enemigo tuyo para hablar mal de ti? ¡Vaya!, eso no te habría dolido. Escogeré a un amigo o conocido; él se acercará a ti y luego te asestará una puñalada trapera». Para molestar a un pastor Satanás escogerá a un anciano para incordiarle. Él sabe que al pastor no le ofendería tanto un ataque de cualquier miembro de la iglesia, de modo que algún anciano se levantará y le suplantará para producirle noches de insomnio y días de angustia.

El diablo siempre está dispuesto a asir la red en la que es más probable que entre el pez y extender la malla en la que pueda atrapar el pájaro. No sospecho —si hace mucho que es creyente— que sea tentado por un borracho. No. El diablo le tentará por mediación de un quejumbroso hipócrita. No me imagino que su enemigo le ataque recurriendo a la calumnia, pero su amigo puede hacerlo. Satanás sabe cómo usar y encubrir a todos sus agentes. «Bueno», dice él, «un lobo disfrazado con piel de oveja es mejor para mí que un lobo que parece un lobo; y uno en la iglesia representará mejor mi papel y logrará más que otro de fuera».

Satanás muestra sus artes y su ingenio por el surtido de sus agentes. Fue astucia consumada el escoger a una serpiente para tentar a Eva. Con toda seguridad, Eva quedó fascinada por la apariencia de la serpiente. Ella probablemente admiró su lustrosa tonalidad, y nos inclinamos a creer que era una criatura mucho más noble de lo que es ahora. Tal vez entonces se podía erguir sobre sus anillos y a Eva le agradara y le deleitara todo eso. No me sorprendería que la serpiente fuese la criatura familiar con la que Eva jugaba antes que el diablo la poseyera.

De un modo similar, sé que Satanás me ha usado muchas veces cuando él quería decir palabras ofensivas contra alguien. «Nadie», dice el diablo, «puede herir o afligir a esa persona mejor que el Sr. Spurgeon. ¡Vaya!, le ama como a su propia alma. Ese es el hombre que puede asestarle un tajo más cruel, y lo hará bien». Entonces, seré inducido, quizás, a creer alguna cosa equivocada contra algún precioso hijo de Dios, y después, a hablar mal de él. Y luego me lamentaré pensando que fui demasiado incauto como para prestar mi lengua y corazón al diablo. Prestemos atención no sea que seamos instrumentos de Satanás para afligir los corazones del pueblo de Dios y desanimemos a los que tienen bastantes problemas que les desaniman sin nuestra ayuda.

Satanás revela su astucia *por las veces en que nos ataca.* Yo pensaba, estando postrado y enfermo, que cuando me levantara otra vez de la cama y me fortaleciese, daría al diablo una gran paliza por la forma en que me atacaba. ¡Cobarde! ¿Por qué no esperaba hasta que me encontrase bien? Pero siempre descubro, cuando mi ánimo decae y estoy en baja forma de corazón, que Satanás escoge especialmente ese momento para atacarme con incredulidad. Que se acerque a nosotros cuando la promesa de Dios está reciente en nuestra memoria y disfrutamos un tiempo de dulce derramamiento de corazón en la presencia del Señor, y verá cómo luchamos contra él. Pero no, él sabe que cuando tenemos fuerza para resistirle y prevalecer con Dios, también somos capaces de prevalecer sobre el diablo. Por tanto, viene sobre nosotros cuando se interpone una nube entre nosotros y Dios. Cuando el cuerpo está deprimido y el ánimo debilitado, cuando nos tienta e intenta hacernos desconfiar de Dios.

En otra ocasión, él nos tentará con orgullo. ¿Por qué no nos tienta con orgullo cuando estamos enfermos y deprimidos en espíritu? «No», dice él, «no podría vencerles». Escoge la ocasión cuando un hombre está bien, cuando está disfrutando plenamente de las promesas y es capaz de servir a Dios con alegría, entonces le tentará con orgullo. Es el momento de sus ataques, el orden preciso de sus asaltos, lo que hace que Satanás sea un enemigo diez veces más peligroso de lo que lo sería de otro modo, y eso demuestra su profunda astucia.

Hay una cosa acerca de las potestades infernales que siempre me maravilla. La iglesia siempre está peleando, pero ¿ha oído alguna vez que el diablo y sus cómplices peleen? Hay una vasta muchedumbre de espíritus caídos, pero ¡qué asombrosamente unánimes están! Se mantienen tan unidos que, si en un momento particular, el tenebroso príncipe del infierno desea concentrar todo el grueso de su ejército en un punto concreto, se hace con exactitud de reloj: la tentación llega con su máxima fuerza precisamente cuando a él le parece más probable que va a prevalecer. Bueno, si tuviéramos tal unanimidad en la iglesia, si todos nos moviésemos atendiendo a la guía del dedo de

Cristo, si toda la iglesia pudiera, en este momento, por ejemplo, moverse en bloque para atacar cierto mal, ¡cuán fácilmente podríamos prevalecer! Pero, por desgracia, Satanás nos sobrepasa en sutileza y las potestades del infierno nos exceden, con mucho, en unanimidad. No obstante, este es el gran punto de la sutileza satánica: él siempre escoge sabiamente la ocasión de sus ataques.

La sutileza satánica es también muy grande *en sus retiradas*. Cuando me incorporé a la iglesia, no entendía un dicho que oí de un anciano, a saber, que no hay peor tentación que no ser en absoluto tentado, ni entendía lo que Rutherford quiso decir con que prefería mucho más un diablo rugiente que un diablo durmiente. Ahora lo entiendo expuesto de este modo: uno quiere sentir, pero no puede. Si uno no dudara, pensaría que es un gran logro, e incluso si conociera la lobreguez de la desesperanza, preferiría sentirla a estar donde está.

«Ahí está», dice. «No tengo dudas acerca de mi condición eterna. De alguna manera creo que puedo decir, aunque no pueda hablar exactamente con confianza, pues temo que sería presunción, sin embargo, confío en poder afirmar que soy un heredero del cielo. Pero esto no me proporciona gozo. Puedo llevar a cabo la obra de Dios. Siento que la amo, pero no puedo sentir que sea obra de Dios. Parezco haber caído en una serie de obligaciones, y sigo erre que erre, como un caballo ciego que sigue adelante porque no tiene más remedio. Leo la promesa, pero no veo especial dulzura en ella. En realidad, no parece que necesite ninguna promesa. Y ni siquiera las amenazas me asustan; no me aterrorizan. Oigo la Palabra de Dios. Quizá me conmuevo por lo que dice el pastor, pero no me produce la impresión que debiera. Siento que no podría vivir sin oración, no obstante, no hay unción en mi alma. No me atrevo a pecar. Confío que mi vida es externamente irreprochable. Pero lo que tengo que lamentar es un corazón pesado, una falta de delicia o canción espiritual, una calma mortal en el alma».

Ha habido veces en la experiencia de mi alma que hubiera deseado que el diablo viniera y me agitara. Habría sentido que Dios le usaba contra su voluntad para hacerme un bien perdurable, para despertarme en el conflicto. Si el diablo entrara en el Terreno encantado y atacara allí a los peregrinos, ¡qué buena cosa sería para ellos! Pero, notará que John Bunyan no le puso allí, porque allí él no tenía nada que hacer. En el Valle de la humillación es donde Satanás tenía que emplearse a fondo, pero en el Terreno encantado los peregrinos dormitaban, como hombres dormidos encima de un mástil. Había ebrios de vino, de modo que no podían hacer nada, y por tanto el diablo sabía que no hacía falta allí; les dejó que siguieran durmiendo. La señora Burbuja y la somnolencia se encargarían de todo. Pero fue al Valle de la humillación y allí sostuvo un duro combate con el pobre Cristiano. Si usted atraviesa la Tierra encantada con somnolencia, indiferencia y sopor, entenderá la astucia del diablo en mantenerse a veces al margen.

¿Qué haremos con este enemigo?

Nuestro deseo es entrar en el reino de los cielos, pero no podemos entrar mientras nos mantengamos quietos. La Ciudad de la destrucción está detrás de nosotros, y la Muerte nos persigue. Debemos proseguir hacia el cielo, pero por el camino merodea este «león rugiente buscando a quién devorar». ¿Qué haremos? Él es muy astuto. ¿Cómo le venceremos? ¿Trataremos de ser tan astutos como él? Sería una tarea insensata, ciertamente pecaminosa. Procurar ser astuto como el diablo sería tan malvado como inútil. ¿Qué haremos entonces? ¿Atacaremos a Satanás con sabiduría? ¡Vaya!, nuestra sabiduría no es más que locura. «El hombre vano se hará entendido cuando un pollino de asno montés nazca hombre» (Job 11:12). ¿Qué haremos entonces?

La única manera de repeler la astucia satánica es *adquirir verdadera sabiduría.* Y vuelvo a repetir que el hombre no tiene ninguna por sí mismo. ¿Entonces qué? Para combatir con éxito contra Satanás hay que comulgar diariamente con las Santas Escrituras. De esta Palabra sagrada es preciso obtener la armadura y la munición. Eche mano de las doctrinas gloriosas de la Palabra de Dios; haga de ellas su comida y su bebida diaria. Así se fortalecerá para resistir al diablo y se gozará en descubrir que él huye de usted. «¿Con qué limpiará el joven su camino?», y ¿cómo se guardará el cristiano del enemigo? «Con guardar tu palabra» (Sal. 119:9). Luchemos siempre contra Satanás con la sentencia «está escrito», porque ninguna arma servirá para luchar contra el archienemigo como las Santas Escrituras. Intente combatir a Satanás con la espada de madera de la razón y él le vencerá fácilmente.

Pero use la cuchilla de la Palabra de Dios, por la que ha sido herido muchas veces, y le vencerá rápidamente.

Sobre todo, para resistir con éxito a Satanás, no sólo hemos de mirar la sabiduría revelada, sino la *Sabiduría encarnada*. Aquí está el principal recurso para toda alma que es tentada. Debemos correr a Él, «el cual nos ha sido hecho por Dios sabiduría, justificación, santificación y redención» (1 Co. 1:30). Él tiene que enseñarnos, tiene que guiarnos, tiene que ser nuestro Todo en todo. Debemos mantenernos cerca de Él en comunión. Las ovejas nunca están tan a resguardo del lobo como cuando están cerca del pastor. Nunca estaremos tan protegidos de las flechas satánicas como cuando apoyamos la cabeza en el regazo del Señor. Creyente, camine según su ejemplo, viva diariamente en su compañerismo, confíe siempre en su sangre y, de esta manera, será más que vencedor sobre la astucia y la sutileza de Satanás.

Debe ser un gozo para el cristiano saber que, a la larga, la astucia de Satanás será derrotada y sus designios malvados para con los santos no causarán efecto. ¿No anhela usted el día en que todas sus tentaciones hayan cesado y se vea en el cielo? ¿Y no mirará entonces a este archienemigo con burla y mofa santa? Aunque Satanás ha procurado destruir el árbol vivo, intentando arrancarlo, ha sido como un jardinero cavando con su azada y removiendo la tierra para ayudar a las raíces a extenderse. Y cuando ha estado con su hacha intentando talar los árboles del Señor y estropear su belleza, ¿qué ha sido, al fin y al cabo, sino un cuchillo de poda en las manos de Dios para cortar las ramas que no llevan fruto y depurar las que lo llevan a fin de que produzcan fruto más abundante?

Hace mucho tiempo la iglesia de Cristo era como un pequeño arroyo que fluía por un estrecho valle. Sólo unos pocos santos se reunían en Jerusalén, y el diablo pensó: «Ahora buscaré una gran piedra e interrumpiré el curso del arroyo». De modo que fue a buscar una gran piedra y la rodó hasta el centro del arroyo, creyendo, por supuesto, que lo detendría. Pero en vez de conseguirlo, esparció el agua por todo el mundo, y cada gota se convirtió en cabecera de un fresco manantial. ¿Sabe qué piedra fue esa? La persecución. Los santos fueron esparcidos por ella. «Pero los que fueron esparcidos iban por todas partes anunciando el evangelio» (Hechos 8:4). De este modo la iglesia se multiplicó y el diablo fue derrotado.

Satanás, yo te digo a la cara que eres el necio más grande que jamás ha existido, y te lo demostraré el día en que tú y yo comparezcamos como enemigos —enemigos declarados, como lo somos hoy— delante del gran trono de Dios. Usted puede responderle esto cuando él le ataque. No le tema, sino resístale firme en la fe y prevalecerá.

Aquí también, el gran hecho de los sufrimientos de Cristo es claramente anunciado: «Tú le herirás en el calcañar». El alcance de estas palabras abarca la historia de las aflicciones de nuestro Señor, de Belén al Calvario. «Te herirá en la cabeza»: he ahí el quebranto del poder real satánico, la eliminación del pecado, la destrucción de la muerte por la resurrección, la conducción cautiva de la cautividad en la ascensión, la victoria de la verdad en el mundo mediante la venida del Espíritu, la gloria del último día en que Satanás será encadenado, y, por fin, el lanzamiento del maligno y sus secuaces al lago de fuego. El conflicto y la victoria giran en el ámbito de estas pocas palabras fructíferas. Puede que no fueran plenamente comprendidas por aquellos que primeramente las oyeron, pero para nosotros están llenas de luz. El texto parece al principio como pedernal, duro y frío, pero de él brotan chispas en abundancia, ya que fuegos infinitos de amor y de gracia están en él escondidos.

3

Cristo, vencedor de Satanás

Y pondré enemistad entre ti y la mujer, y entre tu simiente y la simiente suya; ésta te herirá en la cabeza, y tú le herirás en el calcañar —*Génesis 3:15*

Este es el primer sermón del evangelio pronunciado sobre la faz de la TIERRA. Fue un discurso ciertamente memorable, en el que Jehová mismo es el predicador y toda la raza humana y el príncipe de las tinieblas son la audiencia. Tiene que ser digno de nuestra mayor atención.

¿No es notable que esta gran promesa evangélica fuera anunciada tan temprano después de la transgresión? Todavía no se había dictado sentencia sobre ninguno de los dos transgresores humanos, pero la promesa fue hecha en forma de condena pronunciada sobre la serpiente. La mujer aún no había sido condenada a parto penoso, ni el hombre a trabajo fatigoso, ni siquiera la tierra a la maldición de producir espinos y abrojos. Antes que el Señor dijera: «Polvo eres, y al polvo volverás» (Ge. 3:19), le agradó declarar que la simiente de la mujer heriría la cabeza de la serpiente. Regocijémonos, pues, de la pronta misericordia de Dios, porque en las primeras vigilias de la noche del pecado vino a nosotros con palabras consoladoras.

Estas palabras fueron claramente dirigidas a la serpiente y pronunciadas como castigo por lo que había hecho. Fue un día de cruel victoria para él: le anegó el gozo que su mente tenebrosa era capaz de albergar, porque gratificó su malicia y complació su rencor. Él había, en el peor sentido, destruido una parte de las obras de Dios; introducido el pecado en el nuevo mundo; estampado en la raza humana su propia imagen y adquirido nuevas fuerzas para fomentar su rebelión y multiplicar su transgresión; y, por tanto, sintió la clase de alegría que un adversario con un infierno dentro puede conocer.

Pero Dios toma la iniciativa, asume personalmente la disputa y hace que el enemigo quede malparado en el mismo campo de batalla donde ha obtenido un éxito temporal. Anuncia al dragón que esta disputa no tendrá lugar entre la serpiente y el hombre, sino entre Dios y la serpiente. Dios declara solemnemente: «Pondré enemistad entre ti y la mujer, y entre tu simiente y la simiente suya», y promete que se levantará en la plenitud del tiempo un Campeón que, aunque con sufrimiento, golpeará en una parte vital el poder del mal, hiriendo la cabeza de la serpiente. Esto fue un mensaje de misericordia para Adán y Eva, porque ellos sabían que el tentador sería castigado, y ese castigo implicaría bendición para ellos; la venganza debida a la serpiente era garantía de misericordia para ellos. No obstante, tal vez, al hacer esta promesa indirecta el Señor quiso decir: «No hago esto por amor a vosotros, hombre y mujer caídos, no por amor a vuestros descendientes, sino por amor a mi nombre y a mi honor, para que no sea profanado entre los espíritus caídos. Repararé el daño causado por el tentador para que mi nombre y mi gloria no sean menoscabados entre los espíritus inmortales que observan la escena». Todo esto sería muy humillante, pero consolador para nuestros padres si consideraban que la soberanía y la gloria divinas nos ofrecen mayor base de esperanza que de mérito humano, suponiendo que el mérito pueda existir.

Debemos tener en cuenta que este primer sermón del evangelio fue la esperanza más temprana y más básica del creyente. Esto es todo lo que recibió Adán por revelación y todo lo que recibió Abel. Esta estrella solitaria brilló en el cielo de Abel. Él la vio en lo alto y creyó. Por su luz puntualizó el «sacrificio», por lo cual llevó las primicias de su rebaño y las extendió sobre el altar, probando en su propia persona que la simiente de la serpiente aborrecía a la simiente de la mujer, pues su hermano le asesinó por su testimonio. Aunque Enoc, séptimo desde Adán, profetizara acerca del segundo adviento, no parece haber declarado nada nuevo en relación con la primera venida, de modo que esta promesa siguió siendo la única esperanza del hombre. La antorcha que ardió dentro del Edén antes que se cerraran sus puertas y el hombre fuera expulsado iluminó el mundo para todos los creyentes hasta que plugo al Señor dar más luz, renovando y aumentando la revelación de su pacto cuando habló con su siervo Noé. Aquellos padres de la antigüedad que vivieron antes del diluvio se regocijaron con el lenguaje misterioso de nuestro texto y, descansando en él, murieron confiados.

En absoluto fue una revelación precaria, porque encierra un significado maravilloso. Contiene —como la encina a la bellota— la gran verdad que constituye el evangelio de Cristo. Observe que en esto radica el gran misterio de la encarnación. Cristo es la simiente de la mujer de quien se habla, y se aportan indicios claros de cómo esa encarnación deberá llevarse a cabo. Jesús no nació de una manera común, como el resto de los hombres. María fue cubierta por la sombra del Espíritu Santo, y el «santo ser» que nació de ella fue, en su humanidad, simiente de la mujer, como está escrito: «He aquí que la virgen concebirá, y dará a luz un hijo, y llamará su nombre Emanuel» (Is. 7:14). La promesa anuncia claramente que el Libertador nacería de una mujer, y considerándolo atentamente, también prefigura el divino método de la concepción y el nacimiento del Redentor. También lo enseña llanamente la doctrina de las dos simientes: «Y pondré enemistad entre ti y la mujer, y entre tu simiente y la simiente suya». Evidentemente iba a haber en el mundo una simiente de la mujer, del lado de Dios contra la serpiente, y una semilla de la serpiente que estaría del lado del mal hasta el día de hoy. Existen al mismo tiempo la iglesia de Dios y la sinagoga de Satanás. Vemos a Abel y Caín, Isaac e Ismael, Jacob y Esaú. Los que son nacidos de la carne —por ser hijos de su padre el diablo— hacen las obras de Satanás, pero los renacidos —nacidos del Espíritu Santo por el poder de la vida de Cristo— están en Cristo Jesús, la simiente de la mujer, y contienden encarnizadamente contra el dragón y su semilla.

Aquí también, el gran hecho de los sufrimientos de Cristo es claramente anunciado: «Tú le herirás en el calcañar». El alcance de estas palabras abarca la historia de las aflicciones de nuestro Señor, de Belén al Calvario. «Te herirá en la cabeza»: he ahí el quebranto del poder real satánico, la eliminación del pecado, la destrucción de la muerte por la resurrección, la conducción cautiva de la cautividad en la ascensión, la victoria de la verdad en el mundo mediante la venida del Espíritu, la gloria del último día en que Satanás será encadenado, y, por fin, el lanzamiento del maligno y sus secuaces al lago de fuego. El conflicto y la victoria giran en el ámbito de estas pocas palabras fructíferas. Puede que no fueran plenamente comprendidas por aquellos que primeramente las oyeron, pero para nosotros están llenas de luz. El texto parece al principio como pedernal, duro y frío, pero de él brotan chispas en abundancia, ya que fuegos infinitos de amor y de gracia están en él escondidos.

No sabemos lo que nuestros primeros padres entendieron, pero podemos estar seguros de que obtuvieron mucho consuelo en esas palabras. Debieron entender que no iban a ser destruidos allí, entonces, porque el Señor había hablado de una «simiente». Razonarían que era necesario que Eva viviera para poder tener simiente. Entendieron también que, si la simiente vencía a la serpiente y le aplastaba la cabeza, ello debía ser bueno para ellos. No podían dejar de entrever que se les iba a conceder un gran beneficio misterioso por la victoria que su simiente obtendría sobre el instigador de su ruina. Lo aceptaron por fe, fueron consolados de sus penas y aflicciones y no dudo que Adán y Eva entraron en el descanso eterno con esta promesa.

Trataré el texto de tres maneras. La primera, notaremos sus *hechos*; la segunda, consideraremos en el corazón de cada creyente la experiencia que se corresponde con tales *hechos*; y la tercera, comentaremos el *estímulo* que el texto y su conexión como totalidad nos aporta.

Los hechos

El primer hecho es que *se prometió enemistad*. El texto comienza: «Pondré enemistad entre ti y la mujer». La mujer y la serpiente habían sido muy amigas, conversado largamente. La mujer creyó entonces que la serpiente era su amiga, hasta el punto de hacer caso de su consejo a pesar del precepto divino, y estuvo dispuesta a creer malas cosas del gran Creador al aceptar las insinuaciones de la maligna, astuta serpiente. En el momento que Dios habló, la amistad entre la mujer y la serpiente en buena medida terminó, porque la mujer acusó a la serpiente ante Dios diciendo: «La serpiente me engañó, y comí». Hasta aquí, todo bien. La amistad de los pecadores no dura mucho.

Los amigos empiezan a disputar, y el Señor se acerca gentilmente, aprovecha la oportunidad y declara: «Llevaré este desacuerdo mucho más allá, pondré enemistad entre ustedes». Satanás contó con que los descendientes del hombre fueran sus cómplices, pero Dios rompería este pacto y levantaría una simiente que peleara contra el poder satánico. Así pues, ahí aparece la primera declaración: Él establecería un reino rival que se opusiera a la tiranía del pecado y de Satanás, crearía en los corazones de la simiente escogida enemistad contra el mal, de suerte que ellos lucharan contra él, y con muchos problemas y dolores vencerían al príncipe de las tinieblas. El Espíritu divino ha llevado a cabo abundantemente este plan y propósito del Señor, combatiendo al ángel caído por medio de un hombre glorioso, haciendo que el hombre sea enemigo y vencedor de Satanás.

A partir de entonces, la mujer tenía que aborrecer al maligno. Tenía razones suficientes para hacerlo, y siempre que se acordaba de él lamentaba infinitamente haber prestado atención a sus palabras maliciosas y engañosas. La simiente de la mujer también está enemistada para siempre con el maligno. No quiero decir la simiente carnal, ya que Pablo nos advierte: «No los que son hijos según la carne son los hijos de Dios, sino que los que son hijos según la promesa son contados como descendientes» (Ro. 9:8). No es la simiente carnal del hombre y la mujer, sino la simiente espiritual, Cristo Jesús, y los que están en Él. Dondequiera que se encuentren éstos, aborrecen a la serpiente con un odio perfecto. Destruiríamos si pudiéramos de nuestra alma toda obra de Satanás, y arrancaríamos de este pobre y afligido mundo toda maldad que él ha plantado. Ya sabemos que la simiente de la mujer, *Uno* glorioso, aborrece al diablo y sus planes. Hay enemistad entre Cristo y Satanás porque Cristo vino a destruir las obras del diablo y a librar a los que son sus esclavos. Con este propósito Él nació, vivió, murió, subió a la gloria, y con este propósito volverá otra vez para encontrarse con su adversario y destruirle completamente, tanto a él como a sus obras, en todo lugar entre los hijos de los hombres. Esta ubicación de la enemistad entre las dos simientes fue el principio del plan de misericordia, el primer acto del programa de gracia. A partir de entonces, se dijo de la simiente de la mujer: «Has amado la justicia y aborrecido la maldad; por tanto, te ungió Dios, el Dios tuyo, con óleo de alegría más que a tus compañeros» (Sal. 45:7).

Entonces llegó la segunda profecía, que también resultó ser un hecho, a saber, *la venida del Campeón*. La simiente de la mujer según la promesa ha de defender la causa y oponerse al dragón. Esa simiente es el Señor Jesús. El profeta Miqueas dijo: «Pero tú, Belén Efrata, pequeña para estar entre las familias de Judá, de ti me saldrá el que será Señor en Israel; y sus salidas son desde el principio, desde los días de la eternidad. Pero los dejará hasta el tiempo que dé a luz la que ha de dar a luz» (Mi. 5:2-3). A ningún otro más que al niño nacido en Belén de la bendita Virgen pueden referirse las palabras de la profecía. Y respecto a su hijo cantamos: «Porque un niño nos es nacido, hijo nos es dado, y el principado sobre su hombro; y se llamará su nombre Admirable, Consejero, Dios Fuerte, Padre Eterno, Príncipe de Paz» (Is. 9:6).

En la noche memorable de Belén, cuando los ángeles cantaron en el cielo, apareció la simiente de la mujer, y tan pronto como vio la luz, la vieja serpiente, el diablo, entró en el corazón de Herodes, por si era posible matar al niño, pero el Padre lo preservó. Tan pronto como se presentó públicamente en el escenario de acción, treinta años después, Satanás se encontró con Él y le tentó en el desierto, y allí la simiente de la mujer se opuso al que era mentiroso desde el principio. El diablo le asaltó tres veces con profusa artillería de adulación, malicia, astucia y falsedad, pero el incomparable Campeón permaneció ileso y expulsó a su enemigo del campo. Entonces nuestro Señor estableció su reino y trasladó la guerra al país del enemigo. Se dirigió al espíritu malvado e inmundo y le dijo: «Te ordeno salir fuera de él», y el demonio fue expulsado. Legiones de demonios huyeron ante Él: intentaron ocultarse en los cerdos para escapar del terror de su presencia. «¿Has venido acá para atormentarnos antes de tiempo?» (Mt. 8:9), clamaron cuando el Cristo hacedor de maravillas los desalojó de los cuerpos que atormentaban. Y dio gran poder a sus discípulos contra el maligno, porque en su nombre expulsaban demonios, hasta el punto en que Jesús dijo: «Yo veía a Satanás caer del cielo como un rayo» (Lucas 10:18).

Después llegó un segundo conflicto personal —la angustia de Getsemaní—, que estoy convencido alcanzó grado sumo causado por un ataque personal de Satanás, porque nuestro Maestro dijo: «Esta es vuestra hora, y la potestad de las tinieblas» (Lucas 22:53). Dijo también: «Viene el príncipe de este mundo» (Juan 14:30). ¡Qué combate tan feroz! Aunque Satanás no tenía nada en Cristo, no obstante, hizo todo lo posible por evitar que completara su gran sacrificio, y allí el Maestro sudó grandes gotas de sangre en la agonía que le costó contender con el demonio. Y luego nuestro Campeón entabló la última batalla en la cruz, y la ganó, aplastando la cabeza de la serpiente. No acabó hasta despojar a los principados y potestades haciendo público espectáculo de ellos.

El conflicto de nuestro glorioso Señor continúa en su simiente. Predicamos a Cristo crucificado, y cada sermón sacude las puertas del infierno. Llevamos pecadores a Jesús por el poder del Espíritu, y cada convertido es una piedra arrancada del muro del fuerte castillo satánico. Y llegará el día en que el maligno será vencido en todas partes y se cumplirán las palabras de Juan en el Apocalipsis:

> Y fue lanzado fuera el gran dragón, la serpiente antigua, que se llama diablo y Satanás, el cual engaña al mundo entero; fue arrojado a la tierra, y sus ángeles fueron arrojados con él. Entonces oí una gran voz en el cielo, que decía: «Ahora ha venido la salvación, el poder, y el reino de nuestro Dios, y la autoridad de su Cristo; porque ha sido lanzado fuera el acusador de nuestros hermanos, el que los acusaba delante de nuestro Dios día y noche» (Ap. 12:9-10).

El Campeón ha venido, el hombre-niño nació, y aunque el dragón se llenó de ira contra la mujer y hace la guerra contra el remanente de su simiente, que retiene el testimonio de Jesucristo, la batalla es del Señor, y la victoria pertenece a Aquel cuyo nombre es Fiel y Verdadero.

El tercer hecho que aparece en el texto es que el calcañar de *nuestro Campeón resultará herido*. Sabemos que tuvo que sufrir durante toda su vida. Cargó con nuestras enfermedades y sufrimientos. Pero los golpes llegaron principalmente cuando en cuerpo y mente su plena naturaleza humana tuvo que agonizar, cuando su alma estuvo extraordinariamente triste hasta la muerte, y sus enemigos le perforaron las manos y los pies, y soportó la vergüenza y el dolor de una muerte por crucifixión. Mira a tu Maestro y Rey sobre la cruz, menospreciado, cubierto de polvo y de sangre. Allí fue golpeado cruelmente su calcañar. Cuando descienden el precioso cuerpo y lo envuelven en fino lino blanco y especias, y lo colocan en la tumba de José, lloran al mover el cuerpo en que ha habitado la Deidad, porque en él Satanás ha herido su calcañar. No fue sólo el que Dios le quebrantara —«Jehová quiso quebrantarlo»—, además, el diablo desató a Herodes, Pilato, Caifás, los judíos y los romanos —todos instrumentos suyos— sobre quien sabía que era el Cristo, de suerte que fue herido por la vieja serpiente.

Sin embargo, ¡eso fue todo! Sólo fue herido su calcañar, no su cabeza. Porque he aquí que el Campeón se levantó; la herida no fue ni mortal ni continua. Aunque expiró, con todo, tan breve fue el intervalo que dormitó en la tumba que su cuerpo santo no vio corrupción, y salió perfecta, maravillosamente, en su humanidad, levantándose de su tumba como de un sueño reparador después de un largo día de dolor y sufrimiento. Jesús sólo conserva una cicatriz en su calcañar, y la eleva a los cielos como gloria y belleza suyas. Delante del trono Él se asemeja a un cordero inmolado, pero, en el poder de una vida sempiterna, vive para Dios.

Después llega el cuarto hecho, a saber, que mientras su calcañar es herido, *Él hiere la cabeza de la serpiente.* Por su sufrimiento Cristo ha derrotado a Satanás; por el calcañar que fue herido, Él pisoteó la cabeza que concibió la herida. Aunque Satanás no está muerto, no obstante, Cristo ha quebrantado hasta tal punto su cabeza que aquél ha errado el tiro completamente. Satanás intentó hacer cautiva de su poder a la raza humana, pero ésta ha sido redimida de su pesado yugo. Dios ha librado a muchos, y llegará el día en que limpie toda la tierra del rastro pringoso de la serpiente para que el mundo entero sea lleno de las alabanzas de Dios. Satanás pensó que este mundo sería escenario de su victoria sobre Dios y el bien, pero en vez de ello es el mayor teatro de sabiduría, amor, gracia y poder divinos. Aun en el mismo cielo no resplandece la misericordia como en la tierra, porque es aquí donde el Salvador derramó su sangre.

Además, sin duda, Satanás pensó que al engañar a nuestra raza y acarrear la muerte sobre ella habría estropeado efectivamente la obra del Señor. Se regocijó por cuanto estaría sometida al frío sello de la muerte y todos los cuerpos terrestres se pudrirían en la tumba. ¿No ha estropeado la obra de su gran Señor? Dios creo en el hombre una criatura maravillosa e insufló en su nariz aliento de vida, pero, Satanás replica: «Yo he infundido un veneno en él que le hará volver al polvo».

Pero he aquí que nuestro Campeón ha resucitado de los muertos y prometido que todos sus seguidores también resucitarán de la muerte. Así fue Satanás frustrado, ya que la muerte no retendrá un hueso, ni un pedazo de hueso, de los que pertenecen a la simiente de la mujer. Al sonar la trompeta del arcángel se levantarán de la tierra y del mar y este será su grito de júbilo: «¿Dónde está, oh muerte, tu aguijón? ¿Dónde, oh sepulcro, tu victoria?» (1 Co. 15:55). Satanás lo sabe, ya siente que por la resurrección su cabeza es aplastada. ¡Gloria sea al Cristo de Dios por esto!

En multitud de formas el diablo ha sido vencido por nuestro Señor Jesús, y siempre lo será hasta que sea arrojado al lago de fuego.

Qué relación tiene esto con nuestra experiencia

La primera cosa que hace Cristo es acercarse en su misericordia y *poner enemistad entre nosotros y la serpiente*. Esta es la primera obra de la gracia. Una vez hubo paz entre nosotros y Satanás; cuando Satanás nos tentó nos rendimos; creímos todo lo que nos enseñó; fuimos sus esclavos voluntarios. Pero quizás usted recordará cuando empezó a sentirse insatisfecho; los placeres del mundo ya no le agradaban; parecía que todo el zumo había sido extraído de la manzana, y no le quedaba nada sino la aspereza central. Entonces percibió repentinamente que estaba viviendo en pecado, y se sintió fatal, y aunque no se pudiera deshacer del pecado, no obstante, lo odiaba y suspiraba y clamaba y gemía por causa de él. En lo más profundo de su corazón ya no militaba en el bando del diablo, porque empezó a exclamar: «¡Miserable de mí! ¿quién me librará de este cuerpo de muerte?» (Ro. 7:24). El Señor en su infinita misericordia comenzó a derramar la vida divina en su alma. Usted no lo sabía, pero ahí estaba, una chispa de fuego celestial, la simiente viva e incorruptible que permanece para siempre. Cuanto menos soportaba el pecado, más aborrecía pensar en él. Eso pasó con usted. ¿Sigue siendo así? ¿Hay todavía enemistad entre usted y la serpiente? Ciertamente, es cada vez más enemigo jurado del mal y lo reconoce de buena gana.

Entonces viene el Campeón, es decir: «Cristo en vosotros, la esperanza de gloria» (Col. 1:27). Oyó hablar de Él y entendió su verdad, le pareció maravilloso que Él fuera su sustituto para cargar con su pecado y toda su maldición y su castigo, y le concediera su justicia —y se entregara a Sí mismo— para que pudiera ser salvo. Vio cómo el pecado podía ser destronado, ¿no es así? Tan pronto como su corazón comprendió a Cristo, entendió que lo que la ley no podía hacer —por cuanto era débil en la carne— Cristo lo podía realizar, y que el poder del pecado y de Satanás bajo el cual usted había estado esclavizado, y que ahora aborrecía, podía y debía ser quebrantado y destruido porque Cristo había venido al mundo a vencerlo.

¿Recuerda cómo fue guiado a ver la *herida del calcañar de Cristo,* a asombrarse y observar lo que la enemistad de la serpiente había forjado en Él? ¿No comenzó a sentir usted el calcañar herido? ¿No le atormentaba el pecado? ¿No le molestaba el sólo pensarlo? ¿No fue su propio corazón una plaga para usted? ¿No empezó Satanás a tentarle? ¿No inyectó él pensamientos blasfemos y le instó a tomar medidas desesperadas? ¿No cuestionó la misericordia de Dios y la posibilidad de su salvación, etcétera? Esto fue su picoteo en *su* calcañar. Él sigue empleando sus viejos trucos. Inquieta a los que no puede devorar con una alegría maliciosa. ¿No comenzaron sus amigos mundanos a molestarle? ¿No le dieron la espalda porque vieron en usted algo extraño, ajeno a sus gustos? ¿No tildaron ellos su conducta de fanatismo, orgullo, obstinación e intolerancia? Esta persecución empieza cuando la simiente de la serpiente descubre la simiente de la mujer y decide proseguir su vieja guerra. ¿Qué dice Pablo? «Pero como entonces el que había nacido según la carne perseguía al que había nacido según el Espíritu, así también ahora» (Ga. 4:29). La verdadera piedad es antinatural y cosa extraña para ellos, la enemistad del corazón humano contra Cristo y su simiente es siempre la misma, y muy a menudo se manifiesta en «pruebas de burlas crueles», las cuales, para los corazones sensibles, son muy difíciles de sobrellevar. Este es su calcañar herido en sintonía con la herida en el calcañar de la gloriosa simiente de la mujer.

Pero ¿sabe usted algo del otro hecho, a saber, que *vencemos, porque la cabeza de la serpiente está quebrantada en nosotros*? ¿No está roto el poder y el dominio del pecado en usted? ¿No siente que no puede pecar porque es nacido de Dios? Algunos pecados que se enseñoreaban de usted hace tiempo ya no le inquietan. La cura de la divina gracia es maravillosa y completa. Hemos conocido personas que fueron libradas de vidas impuras, que se volvieron de súbito castas y puras, porque Cristo asestó al viejo dragón golpes de tal calibre que éste no tenía poder sobre ellos a este respecto. La simiente escogida peca y lo lamenta, pero no es esclava del pecado; su corazón no va en pos de él. Ellos, como Pablo, tienen que decir a veces: «No hago el bien que quiero, sino el mal que no quiero» (Ro. 7:19), pero se sienten miserables cuando esto sucede. Asienten en su corazón que la ley de Dios es buena, suspiran y lloran suplicantes pidiendo ayuda para obedecerla, porque ya no están bajo la esclavitud del pecado. El poder y el dominio que la serpiente ejercía sobre ellos fueron quebrados.

El poder satánico es, pues, quebrado de este modo —la culpabilidad por el pecado desaparece—. El gran poder de la serpiente estriba en el pecado no perdonado. Satanás exclama: «Te he hecho culpable: te he llevado bajo maldición». «No», decimos nosotros, «somos libres de la maldición y ahora somos benditos», porque está escrito: «Bienaventurado aquel cuya transgresión ha sido perdonada, y cubierto su pecado» (Sal. 32.1). Ya no somos culpables, porque ¿quién acusará a los escogidos de Dios? Cristo es el que justifica. ¿Quién los condenará? He aquí un fuerte golpe sobre la cabeza del viejo dragón, del que nunca se recuperará.

El Señor también nos garantiza conocer qué es vencer la tentación y quebrar así la cabeza del diablo. Satanás nos seduce con muchos señuelos. Ha estudiado bien nuestros puntos flacos, conoce las debilidades de la carne; pero muchas veces, bendito sea Dios, hemos desbaratado sus planes para su eterna vergüenza. ¡Cómo se debió de sentir el diablo el día en que intentó derribar a Job, cuando le arrastró al estercolero, le robó todo lo que tenía, le cubrió de úlceras y, pese a todo, no pudo conseguir que se rindiese! Job venció cuando exclamó: «Aunque él me matare, en él esperaré» (Job 13:15). Un hombre débil venció a un diablo que podía desatar vientos y derribar casas, destruyendo a la familia que banqueteaba en ella. Aunque fuera diablo y príncipe coronado de la potestad del aire, no obstante, el pobre y afligido patriarca, sentado en el muladar cubierto de llagas, por ser simiente de la mujer, por medio de la fuerza de su vida interior, consiguió vencerle.

Además, tenemos la esperanza definitiva de que la contaminación del pecado en nosotros será destruida. Llegará el día en que estemos sin mancha ni arruga ni nada por el estilo, delante del trono de Dios, sin haber sufrido ninguna clase de perjuicio a consecuencia de la caída y de los planes satánicos, «pues son sin mancha delante del trono de Dios» (Ap. 14:5). ¡Qué victoria será esta! «Y el Dios de paz aplastará en breve a Satanás bajo vuestros pies» (Ro. 16:20). Cuando Él le haya hecho perfecto, lo cual hará, usted habrá ciertamente herido la cabeza de la serpiente.

También, en su resurrección, cuando Satanás le vea salir de la tumba como el que sale perfumado de un baño de especias, cuando él le vea levantarse a imagen de Cristo, con el mismo cuerpo que fue sembrado en corrupción y debilidad resucitado en poder e incorrupción, entonces sentirá infinito disgusto y sabrá que su cabeza ha sido herida por la simiente de la mujer.

Debería añadir que cada vez que somos útiles para salvar almas repetimos el aplastamiento de la cabeza de la serpiente. Cuando usted se acerca, querida hermana, a los niños pobres y los recoge donde son presa de Satanás, y cuando por medio suyo, por la gracia de Dios, los pequeños errantes se convierten en hijos de Dios, entonces usted, en su medida, hiere la cabeza de la serpiente. Cuando, predicando el evangelio, rescatamos a los pecadores del error de su camino para que logren escapar del poder de las tinieblas, volvemos a herir la cabeza de la serpiente. Siempre que de alguna forma o manera usted es bendecido ayudando a la causa de la verdad y la justicia en el mundo, usted también, huella su cabeza. En todas las liberaciones y victorias, usted vence y demuestra que la promesa es verdadera: «Sobre el león y el áspid pisarás; hollarás al cachorro del león y al dragón. Por cuanto en mí ha puesto su amor, yo también lo libraré; le pondré en alto, por cuanto ha conocido mi nombre» (Sal. 91:13-14).

El estímulo

Quiero que ejerza fe en la promesa y se consuele. El texto estimuló mucho, evidentemente, a Adán. No creo que hayamos dado mucha importancia a la conducta de Adán después que el Señor le hablara. Note la demostración sencilla, pero concluyente, que dio de su fe. A veces un acto puede parecer pequeño y de escasa importancia, sin embargo, puede expresar la condición total de la mente del hombre.

Adán actuó creyendo lo que Dios le dijo, porque leemos: «Y llamó Adán el nombre de su mujer, Eva, por cuanto ella era madre de todos los vivientes» (Gn. 3:20). Eva aún no era madre, pero como la vida iba a venir a través de ella, en virtud de la simiente prometida, Adán expresó su plena convicción de la verdad de la promesa, aunque por aquel tiempo la mujer aún no había dado a luz hijos. Allí permaneció Adán, tembloroso, sobrecogido por la temible presencia de Dios, se volvió hacia su compañera culpable, que también estaba temblando, y la llamó Eva, madre de la vida que había de venir. Fue grandiosamente declarado por el padre Adán. Si Adán se hubiera replegado en sí mismo habría murmurado, o al menos desesperado; pero no, su fe en la promesa le dio esperanza. Ni Adán ni Eva pronuncian una palabra de queja contra la condenación de Dios; ambos aceptan la sentencia bien merecida con un silencio que denota la perfección de su resignación; su única palabra está cargada de fe sencilla. No había hijo en quien poner sus esperanzas, ni nacería la verdadera simiente hasta mucho después. Con todo, Eva ha de ser la madre de todos los vivientes y Adán así lo declara.

Siguiendo su ejemplo, ejerzamos la misma fe en la revelación más amplia que Dios ha dado a fin de extraer siempre el máximo consuelo de ella. Insista cada vez que reciba una promesa de Dios para obtener todo lo que pueda de ella. Si observa esta norma, podrá obtener un consuelo maravilloso. Algunos se atienen al principio de sacar lo menos posible de la Palabra de Dios. Yo creo que esta es la manera adecuada de proceder con la palabra del hombre. Entiéndase siempre al mínimo, porque eso es lo que significa, pero la Palabra de Dios se ha de entender al máximo, porque Él hará mucho más abundantemente de lo que le pedimos o pensamos.

Note como gesto de aliento adicional que podemos considerar la recepción de la justicia de Cristo como un plazo del derrocamiento final del diablo. Génesis 3:21 afirma que: «Jehová Dios hizo al hombre y a su mujer túnicas de pieles, y los vistió». ¡Acto de amor divino muy condescendiente, atento e instructivo! Dios oyó lo que Adán había dicho a su mujer y vio que era creyente, de modo que le concede el tipo de justicia perfecta que es porción del creyente —le cubrió con vestiduras blancas—. No más hojas de higuera, esto es, mero escarnio, sino una prenda a la medida procurada mediante la muerte de una víctima. El Señor se lo lleva y le viste, de suerte que Adán ya no puede decir que está desnudo. ¡Cómo podía decir tal cosa si el Señor le había vestido! Tomemos este elemento de la promesa que se nos ha dado concerniente a la victoria de nuestro Señor sobre el diablo y regocijémonos porque Cristo nos ha librado del poder de la serpiente, que nos abrió los ojos y nos aseguró que estábamos desnudos, cubriéndonos de los pies a la cabeza con una justicia que nos adorna y nos protege, de manera que nos sintamos cómodos de corazón, hermosos a los ojos de Dios y no más avergonzados.

Como gesto de aliento en pos de la vida cristiana yo diría que esperemos ser atacados. Si usted se ha metido en problemas por ser cristiano, cobre ánimo. No lo lamente ni tenga temor, sino regocíjese en ese día y salte de alegría, porque esta es la señal permanente del pacto. Si usted no experimenta ninguna enemistad, podría empezar a temer que está en el bando equivocado. Cuando se encuentre bajo la burla desdeñosa del sarcasmo y la opresión, regocíjese en su victoria, porque es partícipe de la herida en el calcañar de la semilla gloriosa de la mujer.

Más estímulo aún produce esto. Sus sufrimientos como cristiano no vienen sobre usted por su propia causa. Es partícipe de la gran simiente de la mujer; está confederado con Cristo. No debería pensar que usted le importa mucho al diablo. La batalla es contra Cristo en usted. Si no fuese de Cristo, el diablo no le molestaría. Cuando estaba sin Cristo en el mundo, podía pecar a su antojo, pero ahora la simiente de la serpiente aborrece a Cristo en usted. Esto exalta los sufrimientos de la persecución a una posición muy superior a la de las aflicciones comunes. Si Cristo está en usted, nada le consternará, ya que por la fe usted vencerá al mundo, a la carne y al diablo.

Por último, resistamos al diablo sabiendo que tiene la cabeza quebrantada. Me inclino a pensar que la manera de reírse Martin Lutero del diablo era muy buena, porque el diablo es digno de vergüenza y desprecio sempiternos. Lutero arrojó en cierta ocasión un tintero a la cabeza de Satanás cuando éste le tentaba muy seriamente, y aunque el hecho en sí mismo parezca bastante absurdo, no obstante, encarna toda una figura de lo que ese gran reformador fue durante toda su vida. Pues los libros que escribió fueron un lanzamiento del tintero a la cabeza del enemigo. Eso es lo que tenemos que hacer: resistirle por todos los medios. Hagámoslo valientemente y digámosle a la cara que no le tememos. Dígale que recuerde su cabeza aplastada, que intenta cubrirse con una corona de orgullo. Le conocemos y vemos la herida mortal que ha encajado. Su poder se ha disipado; está peleando una batalla perdida; está contendiendo contra la omnipotencia. Él se ha declarado contrario al juramento del Padre, contra la sangre del Hijo encarnado, contra el poder eterno y la divinidad del bendito Espíritu, los cuales están comprometidos en la defensa de la simiente de la mujer en el día de la batalla. Por tanto, resista firmemente al maligno, fortalézcase en la fe y dé gloria a Dios.

Determinante en la caída del hombre, Satanás ha adquirido una experiencia muy vasta tras una larga oposición a la humanidad. Habiendo tentado al mayor y al menor, él conoce extremadamente bien los hilos de los actos humanos y cómo tocarlos. Él observa antes que nada nuestras debilidades peculiares. Nos mira de arriba abajo y en seguida descubre nuestras faltas. Nuestras debilidades pueden ser el orgullo o la lascivia, la impaciencia o la pereza, pero podemos estar seguros que el ojo de la malicia está pronto para percibir y aprovecharse de la debilidad. Cuando el archi-espía halla un punto débil en el muro de nuestro castillo, pone buen cuidado en lanzar sus golpes de ariete e iniciar su asedio. Usted podrá ocultar —incluso a su más querido amigo— su debilidad, pero no podrá ocultarla de su peor enemigo, que tiene ojos de lince y detecta en un instante la grieta vulnerable en su armadura.

4

Satanás considera a los santos

Y Jehová dijo a Satanás: ¿No has considerado a mi siervo Job...? —Job 1:8.

¡Cuán inciertas son todas las cosas de este mundo! ¡Cuán insensato es acumular tesoros en cualquier lugar que no sea el cielo! La prosperidad de Job prometía tanta estabilidad como cualquier cosa bajo la luna. El hombre tenía una gran familia, con siervos devotos, y una riqueza acumulada que no se deprecia de repente —bueyes, asnos y ganado—. Desarrollaba el negocio de la agricultura a gran escala y probablemente criaba o producía todo lo que necesitaba su casa. Tenía muchos hijos que le prometían linaje y larga descendencia. Su prosperidad no carecía de nada para consolidarse. Llegaba a su máxima cota o nivel. ¿Dónde estaba la causa que pudiera hacerla vulnerable?

Allá arriba, más allá de las nubes, donde no alcanza a ver el ojo humano, se representó una escena que provocaría un profundo impacto en la prosperidad de Job. El espíritu maligno se presentó delante del Espíritu infinito de todo bien: entrevemos la extraordinaria conversación que tuvo lugar. Cuando fue llamado para rendir cuenta de sus actos, el maligno se jactó de haber merodeado por toda la tierra, insinuando que no había encontrado resistencia a su voluntad ni hallado a nadie que se opusiese a su libertad de movimientos y su actuación caprichosa. Había andado por todas partes como un rey por sus dominios, sin estorbo y sin discusión. Cuando el gran Dios le recordó que había al menos un lugar entre los hombres en el que no tenía asidero y donde su poder no era reconocido —a saber, en el corazón de Job—, que había un hombre que permanecía como castillo inexpugnable, guarnecido por la integridad y defendido con perfecta lealtad como posesión del Rey del Cielo, el maligno retó a Jehová a probar la fidelidad de Job; le dijo que la integridad del patriarca era debida a su prosperidad, que servía a Dios y evitaba el mal por motivos impuros, porque hallaba que su conducta era provechosa para sí mismo. El Dios del cielo aceptó el desafío y concedió al maligno permiso para arrebatarle todos los beneficios que él afirmaba eran pilares de la integridad de Job, para quitarle todos los soportes y ver si la torre no se venía abajo por su propio peso. A consecuencia de ello, un negro día, toda la riqueza de Job se fue por el sumidero, y ni siquiera le quedó un hijo que le susurrara consuelo. Una segunda entrevista tuvo lugar entre el Señor y su ángel caído. De nuevo, fue Job el tema de conversación, y el Gran Dios, incitado por Satanás, le permitió tocar a Job en carne y hueso hasta caer, el príncipe, más bajo que un indigente, y quien fuera rico y feliz pasó a ser pobre y desventurado, lleno de llagas de la cabeza a los pies, teniendo que rascarse con un miserable tiesto para aliviar un poco su dolor.

Vemos en esto la temporalidad de todas las cosas terrenas. «Porque él la fundó [la tierra] sobre los mares, y la afirmó sobre los ríos» (Sal. 24:2), dice David de este mundo; y si el mundo está fundado sobre los mares, ¿puede uno extrañarse de que cambie con tanta frecuencia? Recuerde que el «Cambio» está sellado en este mundo. No diga: «Mi montaña permanecerá firme: jamás será removida». La mirada del ojo de Jehová puede sacudir su montaña y reducirla a polvo; el toque de su pie puede hacerla como el Sinaí: derretirse como cera y humear. «Poned la mira en las cosas de arriba… donde está Cristo sentado a la diestra de Dios» (Col. 3:2,1), y que vuestro corazón y vuestro tesoro esté «donde ni la polilla ni el orín corrompen, y donde ladrones no minan ni hurtan» (Mt. 6:20). Las palabras de Bernardo son aquí instructivas: «Esa es la auténtica y mayor alegría no concebida por la criatura, sino recibida del Creador, que nadie le puede arrebatar: en cuya comparación cualquier otro placer es tormento, todo gozo es pena, las cosas dulces son amargas, toda gloria es bajeza, y toda cosa deleitosa es despreciable»

Acepte todo esto como introducción a nuestro primer discurso. El Señor dijo a Satanás: «¿No has considerado a mi siervo Job?» Deliberemos en primer lugar, *en qué sentido se puede decir que el espíritu malo considera al pueblo de Dios*; en segundo lugar, *qué es lo que él considera acerca de ellos*; y, en tercer lugar, *consolémonos reflexionando que uno que está muy por encima de Satanás nos considera en un sentido muy superior.*

¿Cómo considera Satanás al pueblo de Dios?

El significado bíblico habitual de la palabra *considerar* se ve en versículos como: «Oh Señor, mira mi aflicción que padezco» (Sal. 9:13) y «Considera mi gemir» (Sal. 5:1). Tal consideración implica buena voluntad y atenta inspección del objeto de benevolencia con respecto a una sabia distribución de favor. En este sentido, Satanás nunca considera a nadie. Si tiene alguna benevolencia es hacia sí mismo, pero toda consideración suya es de la más malévola especie. No hay destello meteórico de revoloteos bondadosos a través de la oscura noche de su alma. Ni tampoco nos considera como se nos dice que consideremos las obras de Dios, es decir, obteniendo instrucción como de la sabiduría y amor y bondad de Dios. Él no honra a Dios por lo que ve en sus obras o en su pueblo, sino que considera al cristiano y se torna más necio enemigo de Dios de lo que era. *Se admira de los creyentes cuando considera la diferencia entre ellos y él mismo.* Un traidor, cuando conoce la profunda villanía y la negrura de su propio corazón, no puede evitar maravillarse cuando se ve obligado a creer que otro hombre es fiel. El primer resorte de un corazón traidor es creer que todos los hombres son también traidores; que, en el fondo, lo son. El traidor piensa que todos los hombres son como él —o lo serán si obtienen mayor rédito que de la fidelidad.

Cuando Satanás mira al creyente y halla que es fiel a Dios y a su verdad, quizá lo desprecie por su locura, pero se maravilla de él y se pregunta cómo es que puede actuar así. «Yo», parece decir, «un príncipe, un par (o diputado) en el parlamento de Dios, no estuve dispuesto a someter *mi* voluntad a la de Jehová: Pensé que era mejor reinar en el infierno que servir en el cielo: ¿cómo es posible que estos fieles se resistan? ¿Qué gracia les hace permanecer fieles? Yo, una vasija de Dios, fui quebrada; estos creyentes son vasijas de barro, ¡pero no puedo romperlas! Yo no pude retener mi gloria —¿qué gracia incomparable les sostiene en su pobreza, oscuridad, persecución, para seguir siendo fieles al Dios que no les bendice y les exalta como hizo conmigo?».

Puede ser que Satanás también se maraville de la felicidad del creyente. Pues siente dentro de sí un agitado mar de miseria. Hay un insondable abismo de angustia en su alma, y cuando mira a los creyentes, los ve llenos de paz y felicidad, y a menudo, sin medios externos con qué ser consolados, y, sin embargo, gozosos y llenos de gloria. Él sube y baja por el mundo y posee gran poder, dispone de muchos soldados que le sirven, pero carece de la felicidad de espíritu que posee la humilde, desconocida e ignorada campesina que no tiene siervos que la atiendan y yace en lecho de enferma. Él admira y aborrece la paz que reina en el alma del creyente.

La consideración de Satanás puede ir más lejos. ¿No cree usted que *Satanás considera a los creyentes para detectar, si fuera posible, algún defecto en ellos con que consolarse a sí mismo?* «No son puros», declara. «¡Todavía pecan! Estos hijos adoptivos de Dios, por quienes el glorioso Hijo inclinó la cabeza y entregó el espíritu a pesar de sus ofensas». Cómo debe reírse, y deleitarse todo lo que puede, ante los pecados secretos del pueblo de Dios, y si acierta a ver en ellos algo incongruente con su profesión, algo con apariencia de engaño —por tanto, semejante a él— se regocija. Cada pecado nacido en el corazón del creyente clama a él: «¡Padre mío, padre mío!». Y él siente algo semejante al gozo de la paternidad cuando ve a su contaminado vástago. Se fija en la carnalidad del cristiano y admira la tenacidad con la que le mantiene sujeto, la fuerza y la vehemencia con las que lucha por su dominio, el oficio y la astucia con las que de vez en cuando, en oportunidades propicias, emplea toda su fuerza. Él considera la incoherencia y la impureza del creyente y las convierte en uno de los libros en que diligentemente lee. A este respecto él tuvo muy poco que considerar en Job, verdadero siervo de Dios.

Y esto no es todo, sino justo el comienzo de su consideración. Con seguridad, *él considera al pueblo de Dios, especialmente los más eminentes y excelentes entre ellos, como grandes barreras para el progreso de su reino*. Satanás debió de pensar mucho en Martin Lutero. «Yo podría cabalgar sobre el mundo», asegura, «si no hubiera sido por él. Se ha interpuesto en mi camino. Si pudiera deshacerme de él, no me importaría que cincuenta mil santos menores me interceptaran el paso». Desde luego que considerará a un siervo de Dios si «no hay nadie como él», si destaca clara y distintamente de sus compañeros. Los que son llamados a la obra del ministerio deben esperar de su posición ser blanco especial de Satanás. Cuando el cristal está en el ojo de ese espantoso guerrero, es seguro que buscará a los oficiales, y obligará a sus francotiradores a tener sumo cuidado con ellos, porque —dice él—, si el abanderado cae, entonces la victoria se obtendrá mucho más deprisa y nuestros adversarios serán puestos en fuga».

Cuanto más cerca viva de Dios, más puede esperar la oposición satánica. Habrá contención donde la cosecha sea abundante y donde el terreno del agricultor rinda copioso fruto. Satanás, si pudiera, arrancaría las joyas de la corona divina y se apropiaría de las piedras preciosas, aunque pertenezcan a la coraza. Considera a los fieles obstáculos para el avance de su reino y concibe métodos para apartarles de su camino, o incluso usarlos para sus propósitos. Las tinieblas cubrirían la tierra si él pudiera apagar las luces; de aquí que su consideración perpetua es hacer que caigan los fieles de entre los hombres.

No hace falta mucha sabiduría para discernir que el gran objetivo de Satanás al considerar el pueblo de Dios es hacerles mal. No creo que Satanás espere destruir a los elegidos de Dios. Tan a menudo ha visto sus planes frustrados que apenas puede creer que es capaz de destruir a los elegidos. Debido a que su negro ojo jamás puede fisgar en el divino libro de los decretos secretos, a mí me parece que tiene por norma atacar a todo el pueblo de Dios con vehemencia —sin saber dónde pueda obtener éxito—. Él va por todas partes buscando a quién devorar. Y no lo hace solo. No sé si muchos de nosotros habremos sido tentados directamente por Satanás. Puede que no seamos bastante notables entre los hombres para que él se moleste, pero cuenta con toda una multitud de espíritus inferiores bajo su supremacía y control. Así pues, todos los siervos de Dios están expuestos a los ataques directos o indirectos del gran enemigo de las almas, y eso con el fin de destruirles, ya que él engañaría, si ello fuera posible, a los mismos elegidos.

No cabe duda que, donde no puede destruir, la intención de Satanás es causar preocupación. Él aborrece ver feliz al pueblo de Dios. Yo creo que el diablo se deleita grandemente en los pastores cuya predicación multiplica y alienta la duda y el temor, la tristeza y el desaliento, como evidencias del pueblo de Dios. El diablo dice: «Bueno, sigue predicando; estás haciendo bien mi trabajo. Si puedo conseguir que cuelguen sus harpas en los sauces y exhiban caras infelices, estimo que he completado mi trabajo». Cuídese de aquellas tentaciones que pretenden hacerle humilde pero realmente intentan hacerle incrédulo. Nuestro Dios no se deleita en la desconfianza. Destierre todas las malas sospechas y gócese en la confianza inamovible.

Dios se deleita en ser adorado con gozo. «Venid, aclamemos alegremente a Jehová; cantemos con júbilo a la roca de nuestra salvación. Lleguemos ante su presencia con alabanza; aclamémosle con cánticos» (Sal. 95:1-2). Satanás desprecia esto. Martin Lutero solía decir: «Cantemos salmos y fastidiemos al diablo». No me cabe duda de que tenía razón, porque este amante de la discordia odia la alabanza armónica y gozosa. El archienemigo quiere que usted sea desdichado aquí, si no puede tenerle después, y en este punto trata de asestar un golpe al honor de Dios. Él es bien consciente de que los cristianos tristes suelen deshonrar la fidelidad de Dios desconfiando, y si puede preocuparnos hasta que no creamos en la constancia y la bondad del Señor, habrá robado a Dios su alabanza. «El que sacrifica alabanza me honrará», dice el Señor (Sal. 50:23), de modo que Satanás pone el hacha en la raíz de nuestra alabanza.

Además, si Satanás no puede destruir a un creyente, ¡cuán a menudo *estropea su utilidad! Muchos* han caído —no se han roto el cuello, pero sí un hueso importante— y ¡han llegado cojos a la tumba! Recordamos con pena algunos que corrían bien, pero bajo la presión de la tentación cayeron en pecado, y sus nombres nunca volvieron a ser mencionados en la iglesia, excepto con aliento entrecortado. Todos pensaron y esperaron que serían salvos como por fuego, pero ciertamente su anterior utilidad no retornó. Es muy fácil retroceder en el peregrinaje espiritual, pero muy difícil recuperar el paso. Guarde vigilancia ante los ataques y manténgase firme, porque usted, como pilar en la casa de Dios, es muy estimado por otros creyentes. Como padres o madres, no deseamos ser afligidos oyendo gritos de victoria de nuestros adversarios sobre usted. Que Dios nos conceda gracia para resistir contra los ardides de Satanás, que a pesar de haberse esforzado al máximo no gane ventaja sobre nosotros, y después de haber considerado y contado con detalle nuestras torres y baluartes, se vea forzado a retirarse porque sus arietes no pueden remover ni una piedra de sus murallas.

¿Por qué permite Dios esta constante y malévola consideración de su pueblo? Sin duda, una respuesta es que Dios conoce lo que redunda para su propia gloria, pues habiendo permitido la existencia de agentes libres y hacedores del mal, no le pareció conveniente destruir a Satanás, sino que le concedió poder para que librara una pelea limpia, un mano a mano imparcial, entre el pecado y la santidad, entre la gracia y el engaño. Además, ha de recordarse que las tentaciones de Satanás pueden actuar en servicio del pueblo de Dios. Fenelón, prelado y escritor francés, afirmó que las tentaciones satánicas son la lima que limpia buena parte de la herrumbre o mugre de la confianza en uno mismo. Las tentaciones hacen un ruido terrible en el oído del soldado, lo que ciertamente le mantendrá alerta. Sin tentación, la carne y la sangre son débiles —y aunque el espíritu pueda estar dispuesto, nos podemos quedar dormidos—. Los niños no se apartan de sus padres cuando ladran los perros grandes. Los aullidos del diablo pueden redundar en acercarnos a Cristo, mostrarnos nuestra debilidad y mantenernos vigilantes. «Sed sobrios, y velad; porque vuestro adversario el diablo, como león rugiente, anda alrededor buscando a quien devorar» (1 P. 5:8). Los que ejercen cargos ministeriales deben instar afectuosamente a sus congregaciones a hacer una encarecida petición: «Hermanos, oren por nosotros», para que los que están particularmente expuestos a la consideración de Satanás sean guardados por el poder divino.

Lo que Satanás se propone para con el pueblo de Dios

Determinante en la caída del hombre, Satanás ha adquirido una experiencia muy vasta tras una larga oposición a la humanidad. Habiendo tentado al mayor y al menor, él conoce extremadamente bien los hilos de los actos humanos y cómo tocarlos. Él observa antes que nada nuestras debilidades peculiares. Nos mira de arriba abajo y en seguida descubre nuestras faltas. Nuestras debilidades pueden ser el orgullo o la lascivia, la impaciencia o la pereza, pero podemos estar seguros que el ojo de la malicia está pronto para percibir y aprovecharse de la debilidad. Cuando el archi-espía halla un punto débil en el muro de nuestro castillo, pone mucho cuidado en lanzar sus golpes de ariete e iniciar su asedio. Usted podrá ocultar —incluso a su más querido amigo— su debilidad, pero no podrá ocultarla de su peor enemigo, que tiene ojos de lince y detecta en un instante la grieta vulnerable en su armadura.

Satanás también considera *nuestras actitudes y estados anímicos.* Él sabe cuándo nuestra mente vive en un estado de ánimo en el que somos un serio contrincante para él y evita el encuentro. Algunas personas están más abiertas a la tentación cuando se hallan afligidas y deprimidas. Otras son más propensas a encajar el fuego cuando están jubilosas y llenas de gozo. Ciertas personas, cuando están afligidas, son zarandeadas de acá para allá, pueden ser inducidas a decir casi cualquier cosa. Otras, estando remansadas sus almas como aguas perfectamente plácidas, precisamente entonces, su condición es propicia para que por ellas navegue la nave del diablo. Como un habilidoso obrero del metal, Satanás sabe exactamente a qué temperatura tiene que trabajar con nosotros para su propósito. Las vasijas pequeñas hierven pronto, así también, los hombres impacientes se apasionan pronto. Las vasijas más grandes precisan más tiempo y carbón, pero cuando hierven, su ebullición no es pronto olvidada ni apagada.

Como un pescador, el enemigo observa la pesca, adapta su cebo a la presa, y sabe en qué estaciones el pescado es más propenso a morder. Esta caza de almas sobreviene sobre nosotros de improviso, y con frecuencia somos alcanzados en una falta o atrapados por causa de la falta de vigilancia. Por citar a Thomas Spencer:

> Satanás tiende delante de nosotros los objetos seductores que más se conforman con nuestra naturaleza, para atraernos cuanto antes a su red; él navega con todos los vientos y sopla en la dirección que más nos inclinamos según la debilidad de nuestra naturaleza. ¿Es

deficiente nuestro conocimiento en cuestiones de fe? Nos tienta al error. ¿Es nuestra conciencia tierna? Nos tienta a la escrupulosidad y a la excesiva meticulosidad. ¿Tiene nuestra conciencia, como la línea eclíptica, alguna latitud? Nos tienta al libertinaje carnal. ¿Somos de ánimo intrépido? Nos tienta a la presunción. ¿Somos temerosos y desconfiados? Nos tienta a la desesperación. ¿Somos de disposición flexible? Nos tienta a la inconstancia. ¿Somos rígidos? Se esfuerza en hacer de nosotros herejes obstinados, cismáticos o rebeldes. ¿Somos de carácter austero? Nos tienta a la crueldad. ¿Somos blandos y afables? Nos tienta a la indulgencia y a la compasión insensata. ¿Somos fogosos en cuestiones de religión? Nos tienta al celo ciego y a la superstición. ¿Somos fríos? Nos tienta a la tibieza de los laodicenses. Así tiende él sus trampas para, de una manera u otra, seducirnos.

Satanás se cuida de considerar *nuestras relaciones*. Aunque algunas personas son más fácilmente tentadas cuando están solas, lo más probable es que la mayoría peque cuando está en grupo. Entre ciertas personas, uno nunca sería inducido a pecar; pero con otro grupo no me atrevo a afirmarlo. Hay ciertos ambientes en los que nos inclinamos a comportarnos como el grupo con el que estamos, de modo que sentimos de inmediato ponerse en marcha el pecado que nos asedia. Sabemos que cierto hermano arrastra las mismas debilidades y estoy seguro que entre los dos redactaremos un informe perverso de la Tierra prometida. Satanás sabe alcanzarnos en el lugar en que somos accesibles a sus ataques; se abalanzará en picado, como ave de rapiña, desde el cielo, donde ha estado esperando el momento vulnerable.

Satanás también considerará *nuestra condición en el mundo*. Lo mismo que el deportista cuenta con una escopeta para pájaros salvajes y otra para ciervos, así Satanás echa mano de distintas tentaciones para distintas clases de hombres. Él sabe cuándo asestar el golpe, y nuestra posición, capacidades, educación, estatus social y vocación, pueden ser en su conjunto puertas para atacarnos. El que no tiene trabajo o vocación se halla en especial peligro —me extraña que el diablo no le devore completamente—. El hombre que con más probabilidad va a ir al infierno es el que no tiene nada qué hacer en la tierra. Lo digo en serio. Yo buscaría empleo inmediatamente por temor a ser conducido en cuerpo y alma por el maligno. La gente ociosa tienta al diablo a que los tiente a ellos. Mantengamos la mente ocupada, si no dejaremos espacio para el diablo. El trabajo no nos reportará la gracia, pero la falta del mismo nos puede arrastrar al vicio.

Cuando Satanás hace su investigación, nota todos los objetos de nuestro afecto. No dudo que cuando rodeó la casa de Job, la observó tan atentamente como el ladrón estudia una joyería. Cuando el diablo deambuló en derredor, anotando mentalmente todas las posesiones de Job, pensó: «Tiene camellos y bueyes, asnos y siervos —bien, puedo usarlos todos ellos admirablemente—. Luego tiene hijas e hijos que banquetean —sé dónde sorprenderles—. Y si puedo derribar la casa, afligiría gravemente el alma del padre, porque diría: "Ojalá que hubieran fenecido estando en oración en vez de festejando y bebiendo vino". Me atrevo a decir que también necesitaré a su esposa». Nadie podría haber hecho lo que hizo la mujer de Job —ninguno de sus siervos podría haber declarado una sentencia tan punzante: «Maldice a Dios y muérete» (Job 2:9)—. Satanás atacó los afectos de Job, pero no tuvo éxito; la fortaleza de Job estaba en Dios. Tal vez el maligno inspeccionó incluso los sentimientos de Job y escogió la forma de aflicción corporal que sabía que sería más temible.

Satanás sabe casi tanto acerca de su persona. Usted tiene un hijo a quien adora. «Bueno», dice él, «cabe la posibilidad de herirle». Aun su esposa puede ser una aljaba en la que almacenar las flechas infernales hasta que se presente el momento oportuno. Nuestros hábitos, alegrías, tristezas, placeres, posición social, todos ellos pueden ser armas de ataque para este enemigo desesperado. Se nos tienden lazos en todas partes; en el hogar, en el trabajo y en la calle. Nos acechan tentaciones en la casa de Dios, así como en el mundo, trampas en posiciones elevadas y venenos letales en la humillación. No debemos esperar deshacernos de las tentaciones hasta que hayamos cruzado el Jordán. Después, gracias a Dios, estaremos lejos de los dardos del enemigo. El último aullido del perro del infierno se oirá cuando descendamos a las frías aguas del arroyo lúgubre, pero cuando oigamos el aleluya de los glorificados, habremos concluido con el negro príncipe para siempre jamás.

La consideración superior que invalida su consideración

En tiempos de guerra es muy común contraminar las minas del enemigo. Esto es precisamente lo que Dios hace. Satanás está minando y planea encender la mecha y volar el edificio divino, pero en todo tiempo Dios le está debilitando y hace explotar su mina antes que él pueda hacer ningún daño. El diablo es el más grande de todos los necios. Tiene más conocimiento, pero menos sabiduría que ninguna otra criatura. Su astucia no es sabiduría, sino otra forma de necedad. Mientras tentó a Job, no sabía que estaba colaborando con el propósito divino, porque Dios estaba considerando la situación y sujetando al enemigo, como se sujeta el caballo por las bridas. *El Señor había considerado exactamente hasta dónde le permitiría llegar.* No le permitió al principio tocar la carne de Job —quizá en ese momento era más de lo que Job podía soportar—. El Dios que sabe hasta dónde permitir llegar al enemigo le dirá: «Hasta aquí; no más allá». Poco a poco Job se acostumbró a su pobreza; en efecto, la prueba perdió su aguijón en el momento en que dijo: «JEHOVÁ dio, y JEHOVÁ quitó; sea el nombre de Jehová bendito». El enemigo fue sentenciado a muerte —mejor dicho, enterrado, y este fue el mensaje de su funeral: «Sea el nombre de Jehová bendito» (Job 1:21)—. Cuando llegó la segunda prueba, la primera había cualificado a Job para soportar la segunda. El Señor, que pesa los montes en balanzas, había medido el infortunio de su siervo.

¿No consideró también el Señor *cómo sostendría a su siervo sometido a prueba*? Usted ignora cuán benditamente su Dios derramaba el ungüento secreto sobre el fuego de gracia de Job mientras el diablo arrojaba cubos de agua sobre él. Dios asegura: «Si Satanás hace mucho, yo haré más; si él arrebata mucho, yo daré más; si él le tienta a maldecir, yo le llenaré de tanto amor por mí que me bendecirá». Tome estas dos verdades y fortalézcase con ellas —nunca será tentado sin expresa licencia del trono donde Jesús aboga y, por otra parte, cuando Él lo permita, le facilitará con la tentación una vía de escape o le concederá gracia para resistirla.

El Señor también consideró cómo *santificar a Job a través de su prueba*. Job era un «hombre recto y perfecto» al principio (Job

1:1), pero creo que había una pizca de fariseísmo en él, y sus amigos lo sacaron a colación. Elifaz y Zofar le dijeron cosas tan irritantes que el pobre Job no pudo evitar la réplica y defenderse en términos tan duros que dejan entrever bastante auto-justificación. Job no era orgulloso, como lo somos algunos de nosotros por poca cosa —él tenía motivo para sentirse orgulloso por lo que respecta a los valores mundanos—, pero tendía a que se le exaltara. Aunque el diablo no lo sabía, quizás, si le hubiera dejado tranquilo, ese orgullo podría haber germinado y Job podría haber pecado. Pero Satanás se dio tanta prisa que no dejó germinar la semilla, sino que se apresuró a sofocarla, de modo que sirvió como herramienta en manos del Señor para guiar a Job a un estado mental más humilde y, en consecuencia, más seguro.

Job estaba siendo capacitado para ganar una mayor recompensa. Dios ama tanto a Job que desea doblarle su propiedad. Desea volver a darle hijos. Dar más fama a un hombre cuyo nombre resuena a través de los siglos. Job no será el hombre de Uz, sino de todo el mundo. Todos los hombres habrán de oír de la paciencia de Job en la hora de la prueba. ¿Quién lo llevará a cabo? ¿Quién diseñará la trompeta de la fama cuyo toque haga resonar su nombre? El diablo acude a la fragua y trabaja con ahínco con objeto de hacer ilustre el nombre de Job. ¡Diablo estúpido! Levanta un pedestal en el que Dios alzará a su siervo Job para que sea contemplado con admiración por todos los tiempos.

Para concluir, la paciencia y las aflicciones de Job son una bendición perdurable para la iglesia y han infligido una increíble infamia a Satanás. Si usted quiere hacer enfadar al diablo, arrójele a la cara la biografía de Job. Si desea mantener intacta su confianza, que Dios Espíritu Santo le guíe a la paciencia de Job. ¡Cuántos santos han sido consolados en su angustia por esta crónica de paciencia! ¡Cuántos han sido arrebatados de las fauces del león y de las garras del oso por la oscura experiencia del patriarca de Uz! ¡Oh archienemigo!, ¡cómo caes atrapado en tu propia red! Hiciste un foso para Job y tú mismo caíste en él. ¡Eres víctima de tus propias artimañas! Jehová ha hecho necios a los sabios y enloquecido a los adivinos. Entreguémonos con fe al cuidado y la protección de Dios, y aunque sobrevenga pobreza, enfermedad o muerte, en todas las cosas seremos más que vencedores por la sangre de Jesús; y por el poder de su Espíritu venceremos al final. Nunca deje de confiar en Jesús.

No considero que las Escrituras sean un arpa que fuera una vez tocada por manos diestras y ahora esté colgada como recuerdo en la pared. No. Es un instrumento de diez cuerdas en manos del juglar que aún inunda el templo del Señor con su música divina, la cual se deleitan en escuchar los que tienen oídos para oír. La Sagrada Escritura es un arpa eólica, mediante la cual el bendito viento del Espíritu siempre está soplando y creando tal música mística que ningún oído de hombre puede escuchar en ningún otro lugar. En realidad, ni siquiera en ella, a menos que le sea abierto por el toque sanador del Gran Médico. El Espíritu Santo está en la Palabra; la Palabra es, pues, la verdad viva. Puede estar seguro de ello. Por tanto, esgrima la Palabra como su arma escogida de combate.

5

Cómo usar la Palabra de Dios

Escrito está—Mateo 4:4

Las mentes reflexivas desean ardorosamente un punto permanente sobre el que asentar su convicción. El antiguo filósofo deseaba un punto de apoyo para su palanca y creía que si lo lograba movería el mundo. El pasajero que viaja en barco se deleita cuando vuelve a plantar su pie sobre tierra firme. No podemos descansar hasta encontrar algo cierto, seguro, asentado, no cuestionado. Muchas mentes se han asomado a la nebulosa región del racionalismo y no han acertado a ver sino bruma y niebla perpetua, y, tiritando en el frío gélido de las árticas regiones del escepticismo, añoran una luz más clara, una referencia más cálida, una creencia más tangible. Esta añoranza ha conducido a los hombres a creencias extrañas. Satanás, viendo su hambre canina, hace que los hombres acepten por pan piedras. Muchos han sostenido, y sostienen aún, que es posible hallar un fundamento infalible en el Papa o en otros líderes espirituales. No me sorprende que prefieran confiar en un hombre que consideran infalible que carece enteramente de norma para la verdad, pero cómo puede la mente humana, por cualquier distorsión posible, forzarse a sí misma a aceptar tal creencia es uno de los grandes misterios de la humanidad. La idea de que la infalibilidad reside en un hombre mortal es digna de un manicomio y apenas merece ser seriamente discutida.

Otros, no obstante, se aferran a la idea de una iglesia infalible. Creen en el juicio de los concilios generales y esperan encontrar ahí la roca de la certidumbre. Aparentemente, esto es más fácil, ya que en la multitud de consejeros abunda la sabiduría, pero, en el fondo, bastante absurdo, porque es evidente que cuando se reúne un grupo de personas, por ser todas falibles, no se produce un acercamiento a la infalibilidad. Es tan fácil creer que *un* hombre es inspirado como que quinientos lo sean. El hecho es que tanto las iglesias como los individuos se equivocan y caen en graves errores, tanto en la doctrina como en la práctica. Fijémonos en las iglesias del Nuevo Testamento de Galacia, Corinto, Laodicea, Sardis y así sucesivamente. Incluso los apóstoles podían equivocarse —y se equivocaron—. Sólo fueron infalibles cuando escribieron bajo la inspiración del Espíritu Santo, no en otras ocasiones. Pero no me sorprende que, en tiempos de angustia y dolor, por los que suele pasar la mente, resulte mejor creer en una iglesia infalible que quedar a expensas de la razón, ser zarandeado de acá para allá, empujado por vientos cambiantes, sobre las terribles leguas de cuestionamiento que caer en el proceloso océano de la incredulidad.

Pero tenemos una palabra más segura de testimonio, roca firme de la verdad, sobre la cual descansar, porque nuestra norma infalible descansa en «Escrito está». La Biblia, la Biblia entera, y nada más que la Biblia, es nuestra norma. Se dice que es difícil de entender, pero no es así para los que buscan la dirección del Espíritu de Dios. La Biblia contiene grandes verdades que escapan a nuestra comprensión, escritas en ella a propósito para dejarnos ver cuán huecas son nuestras mentes finitas; pero en cuanto a puntos vitales y fundamentales, la Biblia no es difícil de entender, ni hay excusa para la multitud de errores que la gente intenta sacar de ella. Un bebé en la gracia enseñado por el Espíritu de Dios puede conocer el pensamiento del Señor por lo que respecta a la salvación y hallar su camino al cielo con la única guía de la Palabra. La cuestión no es que la Biblia sea profunda o sencilla. La Biblia es la Palabra de Dios, y la verdad es pura, infalible. En ella, en ningún otro sitio, hay infalibilidad.

Este libro magnífico e infalible es el único tribunal de apelación, la espada del Espíritu a blandir en las batallas espirituales que nos aguardan. Yo le exhorto encarecidamente a tomar esta parte de la armadura de Dios para poder resistir al gran enemigo de nuestras almas. Encomiendo esta arma infalible «Escrito está» a todos los creyentes, teniendo en cuenta que *esta es el arma de nuestro Campeón.*

En segundo lugar, enfatizo el uso que Él hizo de esta arma y, en tercer lugar, veremos cómo Él la manejó.

El arma de nuestro Campeón

Cuando Jesucristo fue atacado por Satanás en el desierto, dispuso de un buen surtido de armas para luchar contra él, pero no empuñó ninguna a excepción de la espada del Espíritu: «Escrito está». Nuestro Señor sólo tenía que rogar a su Padre y le habría enviado al instante doce legiones de ángeles, cuya imponente avalancha el archienemigo no hubiera podido resistir ni un breve instante. Si nuestro Señor hubiese ejercido su Deidad, una sola palabra habría bastado para enviar al tentador al foso infernal. Pero en vez del poder angélico, o divino, Él blandió: «Escrito está», enseñando a su iglesia que no ha de invocar la ayuda de la fuerza, o usar el arma carnal, sino confiar sólo en la omnipotencia que habita en la palabra segura del testimonio. Esta es nuestra hacha y nuestra arma de guerra. Un reino espiritual debe establecerse y sustentarse exclusivamente por medios espirituales.

Nuestro Señor podría haber derrotado al tentador revelando su propia gloria. El resplandor de la majestad divina estaba oculto en la bajeza de su humanidad, y si hubiera levantado el velo por un instante, el diablo habría sido completamente confundido, como los búhos y los murciélagos se confunden cuando el sol les da en los ojos. Pero Jesús escogió ocultar su majestad excelente y defenderse únicamente con «Escrito está».

Nuestro maestro también podría haber atacado a Satanás con lógica y retórica. ¿Por qué no debatió ciertos puntos con él a medida que fueron surgiendo? Se le presentaron tres proposiciones distintas a discutir, pero nuestro Señor se ciñó a un solo argumento: «Escrito está». Ahora bien, si nuestro Señor y Maestro escogió la Palabra de Dios, auténtica cuchilla de Jerusalén, no dudemos ni un momento, sino echemos mano y empuñemos esta verdadera arma blandida por los santos de todos los tiempos. Deshágase de la espada de madera del razonamiento carnal. No confíe en la elocuencia humana, sino ármese con las declaraciones solemnes de Dios, quien no puede mentir, y no tema a Satanás ni a sus huestes. Jesús escogió la mejor arma. La que fue mejor para Él es la mejor para usted.

Nuestro Señor *usó esta arma al iniciar su vida pública*, pero —si se me permite usar la expresión— aunque su mano joven aún no había probado la guerra pública, empuñó de inmediato el arma para Él forjada y declaró audazmente: «Escrito está». La Palabra de Dios es arma para el niño, así como defensa para el hombre fuerte. Si un creyente fuera tan alto como Goliat de Gat, no necesitaría mejor espada que esta, y si sólo es un niño en las cosas de Dios, esta espada se adaptará igualmente a su mano y servirá lo mismo para atacar que para defender. ¡Que merced es que uno no tenga que discutir, sino creer, no inventar, sino aceptar! Uno no tiene más que abrir su Biblia, buscar el texto y arrojárselo a Satanás, como piedra en la honda de David, para ganar la batalla. «Escrito está», y lo que está escrito es infalible; aquí está su fuerza en la disputa. Dios lo ha dicho; eso es suficiente. ¡Bendita espada y escudo que hasta el niño pequeño puede usar eficazmente, apta también para el analfabeto y el ingenuo, que da poder y victoria al débil!

Note a continuación que *Cristo usó la Palabra cuando ningún hombre estaba cerca*. El valor de las Sagradas Escrituras no se reduce a la enseñanza pública o al afán por la verdad. El silbo apacible de la Palabra es igualmente poderoso cuando el siervo del Señor soporta pruebas personales en la soledad del desierto. Las luchas más severas del verdadero cristiano son normalmente desconocidas para todos excepto para él mismo. Los cristianos afrontamos las tentaciones más sutiles en el cuarto de oración; en los profundos recovecos de nuestro espíritu luchamos contra los principados y las potestades. Para estos espantosos duelos «Escrito está» es la mejor espada y el mejor escudo. Es bueno usar la Escritura para convencer a otro hombre, pero es más necesaria para consolar, defender y santificar nuestra propia alma. Debemos aprender a usar la Biblia por sí sola y entender cómo combatir con ella al más sutil enemigo, porque hay un diablo real y personal, como muchos cristianos saben por experiencia, pues se han enfrentado a él y conocido sus afiladas propuestas, horribles insinuaciones, afirmaciones blasfemas y acusaciones diabólicas.

Los cristianos somos asaltados con pensamientos que vienen de una mente más vigorosa, más experimentada y más sutil que la nuestra, y contra estos pensamientos la Palabra de Dios es nuestra única defensa. Entre los siervos de Dios y Satanás han tenido lugar muchos conflictos que destacan más en los anales inéditos de la historia sagrada —que el Señor registra— que en las gestas más audaces de los héroes antiguos a quienes alaban los hombres en sus epopeyas nacionales. Hay vencedores que han luchado contra ángeles y prevalecido, cuyas proezas Lucifer debe admitir con gesto adusto. Todos ellos atribuyen sus victorias a la gracia que les enseñó a usar la Palabra infalible del Señor.

Tenga siempre «Escrito está» a su lado. Algunos, cuando se ven inmersos en un conflicto espiritual, corren a un amigo en busca de ayuda. Yo no condeno esta costumbre, pero sería mucho mejor que se volviesen al Señor y a su segura promesa. Algunos, a la primera embestida, están prestos a abandonar toda esperanza. No actúe de manera tan cobarde; busque la gracia para esforzarse y mantenerse fiel. Debe luchar para entrar en el cielo. Examine su arma; no se dobla ni puede perder su filo cortante; empúñela intrépidamente y clávela en el corazón de su enemigo. «Escrito está» sajará el alma y el espíritu y herirá al mismísimo dragón.

Note que *nuestro Señor usó esta arma en las circunstancias más difíciles*, pero halló que era suficiente para su necesidad. Estaba solo; ningún discípulo le acompañaba o se identificaba con Él, pero la Palabra fue su acompañante a su diestra, las Escrituras comulgaban con Él. Jesús tuvo hambre, ya que ayunó cuarenta días y cuarenta noches, y a menudo el espíritu naufraga cuando el cuerpo no tiene sustento. Pero «Escrito está» mantuvo a raya al mundo del hambre. La Palabra alimentó al Campeón con tal meollo de magrura que además de eliminar toda debilidad le hizo también poderoso en espíritu. Jesús fue guiado por su adversario a un lugar de gran peligro, en lo alto del pináculo del excelso templo del Señor, y allí se plantó; no necesitó punto de apoyo más seguro que el que las promesas del Señor le suministraron. «Escrito está» le permitió mirar hacia abajo desde la vertiginosa altura y desconcertar al tentador. Nuestro Señor fue también llevado al lugar donde los reinos de este mundo se le mostraron extendidos debajo de sus pies; un panorama incomparable que a menudo ha deslumbrado los ojos de grandes personajes y conducido a los hombres a la destrucción, pero «Escrito está» barrió los lazos de la ambición y se rio ante la fascinación del poder. No precisó efectuar ningún cambio en su modalidad de guerra. La Palabra infalible le sirvió en cada situación que atravesó nuestro Señor, y lo mismo ocurrirá con nosotros.

Observe que *nuestro Salvador siguió usando su única defensa*, aunque su adversario cambiara con frecuencia su ángulo de ataque. El error presenta muchas formas; la verdad solo una. El diablo tentó a Jesús a desconfiar, pero el dardo fue rechazado con el escudo de «Escrito está, no sólo de pan vivirá el hombre, sino de toda palabra que sale de la boca de Dios» (Mt. 4:4). El enemigo dirigió su golpe contra Jesús desde el costado de la presunción, tentándole a arrojarse desde el templo, pero ¡cuán terriblemente cayó la espada de doble filo sobre la cabeza del diablo!: «Escrito está también: No tentarás al Señor tu Dios» (Mt. 4:7). Otro golpe insolente fue lanzado contra nuestro Señor con la intención de hacerle arrodillarse. Pero el «Todo esto te daré, si postrado me adorares», fue confrontado y rechazado con aplastante fuerza con: «Escrito está: Al Señor tu Dios adorarás, y a él solo servirás» (Mt. 4:10). Esto golpeó al Leviatán en lo más hondo de su corazón. Esta arma es buena en todo momento, buena para la defensa y para el ataque, para proteger la persona entera o para traspasar las junturas y la médula del enemigo. Como la espada del serafín a la puerta del Edén, se revuelve en todas las direcciones. Usted no se puede hallar en una situación en la que la Palabra de Dios no sea providente. La Palabra tiene tantas caras y ojos como la misma providencia. Hallará que es infalible en todas las fases de su vida, en cualquier circunstancia, con cualquier compañía, en todas las pruebas y en medio de cualquier dificultad. Si fuera falible, sería inútil en los casos de emergencia, pero su verdad inequívoca se torna preciosa más allá de todo precio para los soldados de la cruz.

Le recomiendo, pues, que guarde la Palabra de Dios en su corazón, que la pondere en su mente. «Que la palabra de Cristo more en abundancia en vosotros, enseñándoos y exhortándoos en toda sabiduría» (Col 3:16). Ánclese, eche raíces, establézcase en su enseñanza y satúrese de su espíritu. Para mí supone una alegría intensa indagar diligentemente en el libro de gracia de mi Padre que crece en mí diariamente. La Biblia fue escrita por inspiración en la antigüedad, pero he descubierto, nutriéndome en sus páginas, que sigue siendo inspirada hoy, no sólo cuando *fue* escrita. No es un mero documento histórico. Es una carta reciente de la pluma de Dios para mí. No es una flor desecada y guardada en el *hortus siccus*, con hermosura apagada y perfume disipado. Es una flor fresca que brota en el jardín divino, tan fragante y hermoso como cuando Dios lo plantó.

No considero que las Escrituras sean un arpa que fuera una vez tocada por manos diestras y ahora esté colgada como recuerdo en la pared. No. Es un instrumento de diez cuerdas en manos del juglar que aún inunda el templo del Señor con su música divina, la cual se deleitan en escuchar los que tienen oídos para oír. La Sagrada Escritura es un arpa eólica, mediante la cual el bendito viento del Espíritu siempre está soplando y creando tal música mística que ningún oído de hombre puede escuchar en ningún otro lugar. En realidad, ni siquiera en ella, a menos que le sea abierto por el toque sanador del Gran Médico. El Espíritu Santo está en la Palabra; la Palabra es, pues, la verdad viva. Puede estar seguro de ello. Por tanto, esgrima la Palabra como su arma de combate escogida.

Cómo usar esta Palabra

Note primeramente que Jesús usó la Palabra para *defender su filiación*. El diablo le dijo: «Si eres Hijo de Dios», y Jesús le respondió: «Escrito está». Esa era la única respuesta que le tenía que dar. Jesús no trajo a colación evidencias para demostrar su filiación. Ni siquiera mencionó la voz de la gloria excelente que exclamó: «Este es mi Hijo amado». No, únicamente «Escrito está».

No dudo que usted ya ha sido sometido al infernal «si» condicional. ¡Cuán a la ligera lo pronuncia Satanás! Es su palabra predilecta, la flecha favorita de su aljaba. Satanás es el príncipe de los escépticos que le adoran mientras él se ríe de ellos para sus adentros, ya que cree y tiembla. Una de sus grandes obras malévolas es hacer dudar a los hombres. «Si. . .» —con ese desdén susurra esto al oído—. Nunca permita que Satanás le aparte del terreno firme de la Palabra de Dios. Si él consigue hacerle creer que la verdad de «Cristo es Salvador de los pecadores» sólo se puede probar por lo que usted ve en su interior, le sumirá en la desesperanza.

La razón por la que debo creer en Jesús radica en Él, no en mí. No he de decir: «creo en el Señor Jesús porque me siento feliz», porque en media hora podría sentirme infeliz; sino: yo creo en Cristo porque está escrito: «Cree en el Señor Jesucristo, y serás salvo» (He. 16:31). Yo creo en la salvación que Jesús nos ha regalado no porque siempre esté de acuerdo con mi razón, o ella se acomode a mi estado de ánimo, sino porque está escrito: «El que en él cree, no es condenado» (Juan 3:18). Nada puede alterar esta verdad que permanece y permanecerá para siempre. Creyente, acátela, venga lo que venga. Satanás le dirá: «Hay muchas evidencias; muéstrame una». Dígale que se ocupe de sus asuntos. Él le dirá: «Cuán imperfectamente te has conducido desde el día de tu conversión». Dígale que él no es tan maravillosamente perfecto que pueda permitirse el lujo de encontrar alguna falta en usted. Si le dice: «Si fueras una persona realmente transformada no tendrías tales pensamientos ni tampoco esos sentimientos». No razone en absoluto con él, sino aténgase a este hecho: está escrito: «Cristo Jesús vino al mundo para salvar a los pecadores» (1 Tim. 1:15).

«Escrito está». Descanse en ello y aunque el diablo se apoye en otros cincuenta, no podrá vencerle. Por otra parte, si abandona «Escrito está», Satanás sabe razonar mejor que usted. Es mucho más viejo, ha estudiado la humanidad a fondo y conoce nuestros puntos débiles. Por tanto, la contienda será desigual. No discuta con él, sino agite a su cara el estandarte de la Palabra de Dios. Satanás no puede resistir la verdad infalible, porque ello supone muerte a la falsedad de la cual es el padre.

Nuestro Señor usó después la Escritura *para derrotar la tentación*. Fue tentado a desconfiar. Había piedras a sus pies, no tenía pan y estaba hambriento. La desconfianza dice: «Dios te ha abandonado; te morirás de hambre; así que deja de ser un siervo, sé amo y ordena que estas piedras se conviertan en pan». No obstante, Jesús afrontó la tentación con confianza apoyándose en la Palabra de Dios. Si usted es puesto por la providencia donde cree que va a pasar necesidad y teme que Dios no le va a proveer, surgirá la oscura sugerencia: «Cueste lo que cueste, tengo que buscar la manera de ubicarme cómodamente». Cierto, actuar está mal, pero muchos lo hacen, por eso Satanás susurra: «La necesidad no tiene ley; aprovecha la oportunidad que tienes delante». Frustre, en esa hora, al enemigo diciéndole «Escrito está: "Confía en Jehová, y haz el bien; y habitarás en la tierra, y te apacentarás de la verdad"» (Sal. 37:3). Sólo de esa manera puede afrontar con seguridad la tentación a la desconfianza.

Satanás tentó después al Señor con presunción. «Si eres Hijo de Dios, échate abajo», le dijo (Mt. 4:6). Pero Cristo tenía una Escritura preparada para esquivar el golpe. Muchos son tentados a presumir. «Tú eres uno de los elegidos de Dios, no puedes perecer; por tanto, puedes caer en pecado; no necesitas andar con cuidado, ya que no puedes caer fatal y definitivamente» —esto susurra Satanás—. Si somos tentados en algún momento a tales alegatos engañosos, recordemos que está escrito: «Sobre toda cosa guardada, guarda tu corazón, porque de él mana la vida» (Pr. 4:23). Está escrito: «Sed, pues, vosotros perfectos, como vuestro Padre que está en los cielos es perfecto» (Mt. 5:48). Largo de aquí, Satanás. Nos osamos pecar por causa de la misericordia de Dios. Eso, ciertamente, sería una retribución diabólica a su bondad. Aborrecemos la idea de pecar para que la gracia abunde.

Entonces Satanás nos atacará con la tentación de traicionar a nuestro Dios adorando a otros dioses. «Adórame», dice, «y grande será tu recompensa». Él pone delante de nosotros algún objeto terrenal que idolatremos, nos propone perseguir algún deseo egoísta. En ese momento, nuestra única defensa es la palabra segura, está escrito: «Amarás al Señor tu Dios con todo tu corazón, y con toda tu alma, y con toda tu mente y con todas tus fuerzas» (Mr. 12:30). «No sois vuestros, porque habéis sido comprados por precio» (1 Co. 6:19-20). «Que presentéis vuestros cuerpos en sacrificio vivo, santo, agradable a Dios, que es vuestro culto racional» (Ro 12:1). «Hijitos, guardaos de los ídolos» (1 Juan 5:21). Declarando de corazón palabras como éstas no caeremos. Debemos guardarnos del pecado. Si Cristo nos ha salvado verdaderamente del pecado, no podemos soportar la idea de caer en él. Los que se deleitan en el pecado no son hijos de Dios. Si usted es hijo de Dios, lo aborrecerá con perfecto aborrecimiento; su alma lo detestará. Para protegerse del pecado, ármese con la santa y purísima Palabra de Dios que limpiará su camino y hará su corazón obediente a la voz de un Dios tres veces santo.

Después, nuestro Señor usó la Palabra *como guía para su camino*. Este es un punto muy importante. Demasiados se orientan por lo que ellos llaman providencias. Hacen cosas equivocadas y luego dicen: «Parecía una buena providencia». Me pregunto si Jonás, cuando se dirigió a Jope para huir a Tarsis, consideró que era una providencia el que el barco estuviera a punto de zarpar. En ese caso, se asemejaba a muchos, en los tiempos actuales, que intentan descargar su culpa sobre Dios declarando que se sintieron inclinados a actuar como lo hicieron, ya que la providencia se lo sugirió. Nuestro Señor no fue guiado a hacer lo que debía por las circunstancias que le rodeaban. Cualquiera menos nuestro Señor habría obedecido al tentador y sentido que era providencia divina convertir las piedras en pan. Fue una providencia, pero una providencia para la prueba. Cuando usted sea tentado a hacer el mal para satisfacer sus necesidades, dígase a sí mismo: «Esta providencia me está probando, pero no indicando lo que debo hacer, porque mi regla es: "Escrito está"». Si usted hace de la providencia aparente su guía, cometerá mil errores, pero si se atiene a: «Escrito está», sus pasos serán sabiamente ordenados.

Tampoco debemos hacer de nuestros dones y privilegios especiales nuestra guía. Cristo está en el pináculo del templo, y es posible que si hubiera decidido echarse abajo habría sido preservado, pero no hizo de sus privilegios especiales una razón para la presunción. Aunque es verdad que los santos son guardados por el poder de Dios, no he de presumir apoyándome en una doctrina; he de obedecer el precepto. Porque el hombre que dice: «Soy un hijo de Dios, estoy seguro, y, por tanto, vivo como me place», estaría demostrando que no es en absoluto hijo de Dios, porque los hijos de Dios no invierten la gracia de Dios en libertinaje. Esa lógica sólo puede ser del diablo.

Satanás intentó conseguir que la guía de nuestro Señor redundara en su provecho personal. «Todo esto te daré», le dijo. pero Cristo no ordenó sus actos para obtener provecho personal, sino que replicó: «Escrito está». Bueno, podría haber dicho: «Si me arrodillo y someto a este pequeño acto, ¡todos los reinos de la tierra serán míos! Ahí están esos pobres esclavos; podré liberarlos. Podré suplir las necesidades del hambriento y el sediento. En realidad, esto es precisamente por lo que voy a morir, y si lo puedo conseguir tan fácilmente doblando mi rodilla ante este espíritu, ¿por qué no hacerlo? Lejos, lejos estuvo nuestro Señor del espíritu malvado y acomodaticio. Aunque el mundo entero estuviese a su disposición, Él no transigió. «Escrito está» fue su guía, no su utilidad ni provecho personal.

Creyente, algunas veces acontecerá que hacer lo correcto parezca lo más desastroso. Arruinará su fortuna y le creará problemas, pero le insto a actuar justamente a cualquier precio. En vez de ser honrado y respetado y tenido por líder en la iglesia, puede ser tenido por excéntrico si habla claramente; pero hable sin pelos en la lengua, no importa las consecuencias que resulten. Ni usted ni yo tenemos nada que ver con lo que nos ocurra, o con nuestra reputación, o con lo que le suceda al mundo, o incluso al cielo. Nuestro negocio consiste en cumplir la voluntad del Padre. «Escrito está» ha de ser nuestra regla. Con tenaz obstinación, como la llaman los hombres, pero con resuelta consagración, como Dios estima, a través del fango y del cenagal, a través del diluvio y del fuego, siga a Jesús y su Palabra infalible.

Note además que nuestro Señor usó «Escrito está» para *mantener su propio Espíritu*. Me encanta meditar en la serenidad de Cristo. Él no se inquieta en lo más mínimo. Tiene hambre, y cuando se le sugiere crear pan, responde: «Escrito está». Es conducido al pináculo del templo, y declara: «Escrito está» con la misma calma que usted o yo podríamos quedarnos sentados en una silla. Ahí está, con el mundo entero a sus pies, admirando su esplendor, pero no se deslumbra. «Escrito está» sigue siendo su respuesta tranquila. Nada hace que un hombre sea autosuficiente, tranquilo y estable ante cualquier emergencia como recurrir siempre al Libro infalible y recordar la declaración de Jehová, quien no puede mentir.

El último pensamiento sobre este punto es que nuestro Señor nos enseña que el uso de la Escritura ha de *vencer al enemigo y hacerle huir*. «Vete», dijo al diablo, «porque escrito está». Usted también alejará cualquier tentación si se mantiene firme a esto: «Dios lo ha dicho, Él lo ha prometido; Dios no puede mentir, porque su palabra de gracia es tan potente como la que edificó los cielos».

Cómo esgrimió Cristo la Palabra

¿Cómo hemos de manejar la espada «Escrito está»? En primer lugar, *con la reverencia más profunda*. Que toda palabra que Dios ha hablado sea ley y evangelio para usted. Nunca le reste importancia; nunca intente evadir su fuerza ni alterar su significado. Dios le habla en este libro tanto como si lo hiciera desde la cumbre del monte Sinaí y elevara su voz en el trueno. A mí me gusta abrir la Biblia y orar: «Señor Dios, que las palabras de la página salten a mi alma; haz que sean nuevas, claras y potentes en mi corazón». Nuestro Señor sintió el poder de la Palabra. No fue tanto el diablo quien sintió el poder de «Escrito está» como Cristo mismo. La humanidad de Cristo se asombró de la Palabra de Dios, de modo que ésta se hizo poder para Él. Restar importancia a la Escritura es privarse de su ayuda. Reverénciela y eleve a Dios su devota gratitud por habérsela concedido.

Además, *téngala siempre a mano*. Nuestro Señor, tan pronto como fue atacado tuvo su respuesta lista: «Escrito está». Tenga las Escrituras al alcance de la mano. Mejor aún, téngalas en el centro de su corazón. Es una buena cosa almacenar en la memoria muchos pasajes de la Palabra —sus mismas palabras—. Nuestro Salvador conocía tan bien las Sagradas Escrituras que de un solo libro —el Deuteronomio— obtuvo todos los textos con que libró la batalla en el desierto. Contaba con una gama más amplia, ya que tenía delante el Antiguo Testamento, pero se limitó a un solo libro, como para hacer saber a Satanás que no andaba escaso de munición. Si el diablo hubiera decidido prolongar la tentación, el Señor disponía de abundantes defensas reservadas. «Escrito está» es un arsenal de donde cuelgan mil rodelas, escudos todos de hombres poderosos. No es una, sino mil, o más bien diez mil armas de guerra. Contiene textos de todas clases, adecuados para servirnos en cualquier emergencia y efectivos para repeler cualquier ataque. Estudie la Palabra de Dios y téngala junto a sí cuando se acerque el padre de la mentira.

Esfuércese también *por entender su significado,* y entenderlo de tal modo que pueda discernir entre su sentido y su perversión. La mitad de la maldad que se comete en el mundo —quizá más— no se debe a una mentira ostensible, sino a una verdad pervertida. El diablo, sabedor de esto, toma un texto de la Escritura, lo recorta, le añade, y ataca a Cristo con él. En consecuencia, nuestro Señor no menospreció la Escritura porque el diablo mismo pudiera citarla, sino que le respondió lanzando un texto encendido a su cara. No le dijo: «Lo demás no está escrito, tú lo has alterado», sino que le dio a probar lo que realmente significaba «Escrito está», y de este modo le confundió. Usted puede hacer lo mismo. Escrute la Palabra, extraiga su verdadero sabor en su paladar, y obtenga discernimiento para que cuando diga «Escrito está», no cometa ningún error. Los textos de la Escritura fuera de contexto, tergiversados y pervertidos, no son «Escrito está», pero el significado llano de la Palabra debe ser conocido y entendido. Lea la Palabra y pida la unción del Espíritu Santo para poder conocer el sentido de la Palabra, porque así podrá contender contra el enemigo.

Y aprenda a *asimilar usted mismo la Escritura*. Uno de los textos que nuestro Señor citó está ligeramente alterado. «No tentarás al Señor tu Dios». El texto original reza así: «No tentaréis al Señor vuestro Dios». Pero el singular está incluido en el plural, y siempre es una bendición ser capaz de encontrarlo en el texto. Aprenda a usar la Escritura de tal manera que asimile usted mismo toda su enseñanza, sus preceptos, sus promesas y sus doctrinas, porque el pan en la mesa no nutre; el pan que uno come es el que realmente le sustenta.

Cuando haya asimilado usted mismo los textos, *aténgase a ellos a cualquier precio*. Si renunciar al texto le permite convertir las piedras en pan, no renuncie a él. Si rechazar el precepto le permite volar por el aire como un serafín, no lo rechace. Si el ir contra la Palabra de Dios le corona emperador del mundo entero, no acepte el soborno. Vaya hasta donde llega la Biblia, ni un centímetro más. Si Calvino le hace señas, y usted le tiene en alta estima, o Wesley le hace señas, y usted le profesa gran admiración, cíñase únicamente a la Escritura. Si su ministro se desvía, ore para que pueda regresar, pero no le siga. Aunque nosotros, o un ángel del cielo, le predicásemos un evangelio distinto al que enseña este libro, no nos preste atención —ni siquiera por un momento—. He aquí la única infalibilidad: el testimonio del Espíritu Santo en este libro.

Por último, recuerde que en ese momento su Señor estaba *lleno del Espíritu*. Jesús, estando lleno del Espíritu, fue para ser tentado (Mt. 3:16-4:1). La Palabra de Dios sin su Espíritu no le será útil. Si no puede comprender un libro, ¿sabe cuál es la mejor manera de entender su significado? Escribir al autor y preguntarle qué quiso decir. Si desea leer un libro, y siempre tiene al autor a su disposición, no tiene por qué quejarse si no lo entiende. El Espíritu Santo ha venido a morar en nosotros para siempre. Indague en las Escrituras, pero suplique la luz del Espíritu y viva bajo su influencia. Así combatió Jesús contra el viejo dragón, «lleno del Espíritu». Golpeó al Leviatán con esta arma porque el Espíritu de Dios estaba sobre Él. Empuñe la Palabra de Dios como una espada de doble filo en su mano, pero antes de introducirse en el campo de batalla pida al Espíritu Santo que le bautice de Sí mismo; así derrotará a todos sus adversarios y será triunfador hasta el fin.

Note el punto de ataque: la filiación de nuestro Señor. Satanás sabe que si consigue hacernos dudar del amor del Padre —dudar de nuestra regeneración y adopción—, nos tendrá en buena medida a su merced. ¿Cómo puedo orar «Padre nuestro que estás en los cielos» si no le conozco como Padre? Si la oscura sospecha cruza mi mente de que no soy su hijo, no puedo decir con el hijo pródigo: «Me levantaré e iré a mi padre» (Lc. 15:18). Si tengo un Padre, estoy seguro que Él se compadecerá de mis debilidades, cuidará de ellas, perdonará mis errores, me protegerá a la hora de la amenaza y me salvará en el peligro. Pero si, si no tengo Padre en el cielo, entonces, ¡oh miserable huérfano!, ¿qué haré? ¿Adónde me refugiaré? De pie sobre el pináculo, como hijo de Dios, me mantendré erguido, aunque el viento procure arrancarme de mi asidero. Pero si Él no es mi Padre y estoy sobre un pináculo, mi destrucción es inevitable. «Si eres el Hijo de Dios». Guárdese de la incredulidad; porque los que justifican la incredulidad encienden una vela al diablo. Dios es fiel: ¿por qué vamos a dudar de Él? Dios es veraz: ¿cómo podemos suponer que sea falso?

6

Tentaciones sobre el pináculo

Entonces el diablo le llevó a la santa ciudad, y le puso sobre el pináculo del templo, y le dijo: Si eres Hijo de Dios, échate abajo; porque escrito está: A sus ángeles mandará acerca de ti, y, en sus manos te sostendrán, para que no tropieces con tu pie en piedra. Jesús le dijo: Escrito está también: No tentarás al Señor tu Dios —Mateo 4:5-7.

La exposición más clara y más importante de la revelación de Dios en el libro inspirado se manifiesta en el hombre renovado. Todo cristiano descubrirá, en proporción a su avance en el divino conocimiento, que las mismas cosas escritas en estas páginas sagradas están escritas en su propia experiencia. El diamante de la promesa divina nunca reluce con tanto brillo como cuando es colocado en el entorno de la prueba y la experiencia personal, y el oro de la verdad sagrada no es apreciado hasta que es probado «con fuego».

La Sagrada Escritura está llena de relatos de tentaciones. Espere, pues, que su vida esté profusamente aderezada de ellas, como una rosa con espinas. En la Palabra de Dios se hace provisión para responder a los ataques satánicos desde todos los ángulos y en su conjunto. Crea, por tanto, confiadamente, que será necesario tomar en su vida las medidas más sabias de previsión. Tendrá que combatir los enemigos espirituales que acosaron y zarandearon a los santos en la antigüedad, y será sabio si se dota de una serie de piezas de armadura celestial que demostraron ofrecer excelente protección en su tiempo de combate espiritual.

Esta observación —que la Palabra de Dios es de nuevo escrita en la vida del creyente— es verdad rotunda en la parte que concierne a la vida de Jesús, ya que todo cristiano es imagen de Cristo en la proporción que es cristiano. En la proporción que el Espíritu Santo nos santifica —alma, espíritu y cuerpo— y nos hace como el Maestro, somos conformados a su imagen, no sólo en la santidad y la espiritualidad que produce la santificación, sino también en la experiencia del conflicto, la tristeza, la agonía y el triunfo. En todos los aspectos, Jesús fue como sus hermanos, y actualmente sigue siendo así en todas las cosas que sus hermanos deben ser como Él. La vida pública del Salvador comienza y acaba con la tentación. Comienza en el desierto, en una reñida contienda con la habilidad satánica; acaba en Getsemaní, en una terrible escaramuza con los poderes de las tinieblas. Hay algunos lugares luminosos entre medias, pero la penumbra del desierto se intensifica en la oscuridad nocturna de la cruz, como mostrando que nosotros también debemos comenzar con pruebas y podemos esperar pruebas hasta el fin. La victoria de nuestro Señor se logró en el Gólgota con sangre y heridas, ante la exultación blasfema de sus enemigos, por lo que la victoria del creyente no resultará barata. Nuestra corona no se ha de conquistar sin lucha ni superación. Debemos combatir para reinar, y a través de los mismos conflictos que condujeron al Salvador hasta su corona debemos nosotros obtener el ramo de palma de la victoria eterna.

La tentación de Cristo

El paisaje adquiere el color del cristal a través del que mira el observador, pero aun así se ve realmente. Así también, al ofrecerle buena parte de lo que yo he tenido que soportar, puedo teñir la prueba de nuestro Señor, pero, a pesar de ello, usted la verá y el Espíritu Santo le mostrará lo que realmente es de Jesús y lo que es mío. Nuestras pruebas nos son enviadas a propósito para hacernos comprender las de nuestro Señor, y es así, particularmente, para los ministros del evangelio. Martin Lutero fue un maestro poderoso en el arte de la consolación porque casi no había tentación que no hubiera experimentado. Melancthon testifica de Lutero que a veces era de tal manera tentado por el diablo que parecía estar a punto de morir. La fuerza de la vida de Lutero parecía secarse y su alma se llenaba de pesadumbre. Después de esos periodos, Lutero predicaba de tal manera que sus oyentes pensaban que hablaba acerca de ellos y se preguntaban cómo podría haber adquirido tal conocimiento. Aprendió el arte de la navegación espiritual después de haber tenido que surcar las profundas aguas de la tribulación espiritual. Los comentarios de Lutero siguen siendo ciertos: que la oración, la meditación y la tentación son los tres mejores instructores del ministro del evangelio, y como he pasado recientemente un buen espacio de tiempo en la última escuela, no tengo más remedio que usar lo que he aprendido.

Llamo la atención primeramente *al lugar de esta tentación.* «Entonces el diablo le llevó a la santa ciudad, y le puso sobre el pináculo del templo». Era un lugar *alto* y *santo*, de aquí que representara doble peligro. Era un lugar *alto*: la tentación no podría haber actuado sobre el Salvador si hubiera estado sentado en el desierto o arrodillado en el huerto; pero arriba, sobre la ciudad, en el encumbrado pináculo, el asidero era delgado y la caída habría sido terrible. Debajo de Él se extendía un maravilloso panorama: los patios de la casa del Señor, las calles de la ciudad, los pueblos y ciudades de Judea, los extensos campos de la tierra de Emmanuel. No obstante, poco se cuidaba Él de todo eso, ya que sus pensamientos se concentraban en el combate interior, aunque la ancha perspectiva debió contribuir al sentido de elevación, y, por ende, a la tentación. Uno no debe subestimar cuán difícil es pisar sobre lugares altos. Por ejemplo, los lugares altos de la importancia social y de la riqueza arrastran a tentaciones que no se experimentan en puestos humildes. Yo temería cambiar mis tentaciones con las de otro hombre, y, sin embargo, sé que las mías sobrepasan mi capacidad para superarlas si no fuera por la gracia de Dios y la promesa: «Bástate mi gracia» (2 Co. 12:9). Es difícil transportar una taza llena de líquido sin derramar. Cuando la taza está por la mitad, se puede trasladar más descuidadamente sin que caiga nada, pero cuando el dorado cáliz está lleno hasta rebosar, cuidado, copero del Rey. Podrá saltar como juegan los niños, podrá correr hacia donde quiera, pero ponga cuidado al subir por el estrecho y afilado risco, donde se abren profundos precipicios a cada lado, oh viajero, porque un desliz puede resultar fatal. Mire hacia abajo, a través de la niebla sombría que oculta el abismo, y esté profundamente agradecido de la mano invisible y omnipotente que le ha sostenido hasta ese lugar.

Las observaciones acerca de los lugares altos no se refieren únicamente a lugares altos de riqueza e influencia, o fama, sino también a lugares altos para nosotros, comparativamente lugares altos de disfrute y satisfacción. Tampoco debo excluir los lugares santos de las observaciones. Puede ser el monte Tabor, pero sigue siendo un monte. Si usted es llamado a la elevada posición del que habita en absorta comunión con Cristo, hay tentaciones peculiares incluso para ese feliz estado de ánimo. Sin embargo, el pináculo no es tal cosa porque sea el pináculo del templo; es aún más peligroso. Además de alto, el lugar era santo. Note que está señalado en el texto. Le llevó a la *santa ciudad* y al pináculo del *templo* —dos términos que pueden evocar claramente en la mente del lector la santidad de la posición.

Apostarse en un lugar alto en la casa de Dios es muy deseable y honorable, pero implica responsabilidad y peligro. A quienes Dios exalta en Israel, tengan esto en cuenta. Aquel de quien está escrito que mejor hubiera sido para él no haber nacido fue un apóstol. El que fue íntimo amigo de Cristo es el hombre cuya condenación sobrepasa a todas con sus terrores flamígeros. Es cosa muy deliciosa ministrar a una gran congregación; es maravilloso ser líder en la iglesia; no es privilegio pequeño tener oportunidad, con la pluma o con la lengua, de edificar a multitud de santos, pero, por desgracia, los lugares altos del templo de Dios son mareantes, y los cargos elevados en la iglesia son escenarios en los que atacan las tentaciones, y que desconoceríamos si en el humilde anonimato de una piedad retirada paciéramos en verdes pastos y nos apacentásemos junto a aguas tranquilas. Al fin y al cabo, si me estuviera permitido envidiar a alguien, ese sería el pastor cantarín de John Bunyan, cuando apacienta su rebaño en el valle:

> El que está abajo no teme caer,
> Ni el pequeño, el orgullo;
> El humilde siempre
> Tendrá a Dios como guía.

¿Qué piensa usted que fueron las tentaciones que sobrevinieron al Salvador a causa de su posición en el lugar alto y santo? Solemos olvidar que el Salvador fue un verdadero hombre. Fue divino sin menoscabo de realeza y esplendor de la Deidad. Pero fue hombre, en todo como nosotros, de modo que sintió lo que usted o yo habríamos sentido en circunstancias similares. ¿Entonces cómo se sintió? ¿No tembló de temor de caer? Yo creo que el temor natural vino sobre Él, mientras miraba hacia abajo: que su caída manchara las almenas del lugar sagrado y enrojeciera la casa de Dios con su propia sangre.

¿No era acaso un hombre? ¿Qué hombre iba a sentir otra cosa? Es natural que una emoción escalofriante de terror trepara sigilosamente sobre uno que estuviera en tan elevada y desprotegida posición. Esta es una tentación —tentación a la que los siervos de Dios puestos en el pináculo del templo se verán frecuentemente sometidos—. ¿Pero se incurre en falta al temer una caída? No, pero hay algo muy incorrecto que surge del temor, a saber, la tentación de hacer desesperadamente algo por escapar de una posición tan peligrosa. Es bueno para mí temer caer en pecado; no está bien desconfiar que la gracia de Dios me sostiene ni correr a métodos imprudentes para escapar del peligro concreto en que me encuentro. Jesús no dudó del cuidado de su Padre, pero tembló a causa del peligro en que se encontraba. Tenía que hacerlo porque fue un hombre con pasiones semejantes a las nuestras.

¿Puedo imaginar que usted se encuentra encumbrado en tal posición? Ya sea en riqueza, u honor, o comunión, o de alguna manera, se halla alzado a una esfera de peligro, y empieza a decirse a sí mismo: «Supongamos que caigo. Supongamos que avergüenzo mi profesión y acarreo deshonra a la causa de Cristo». Entiendo que este pensamiento le pase por la cabeza sin que haya cometido ningún pecado, y que brote de él una buena decisión —a saber, andar humildemente con su Dios—. Pero supongo que es el punto de apoyo sobre el que Satanás puede colocar su palanca y empezar a trabajar para llevarle a un estado de ánimo lamentablemente débil y miserable. Cuando veo a otros caer de sus pináculos, cuando siento que mi cabeza se marea, cuando miro hacia abajo y veo la ruina que debe llegar sobre todo hombre que apostata de la fe, cuando miro hacia arriba y veo la santidad de Dios, y luego miro hacia abajo, y siento la atracción del mundo seduciéndome, atrayéndome, buscando mi destrucción, entonces tiemblo. Si usted es colocado en tal posición *debe* sentirla.

Me parece que esta es la razón por la que el diablo puso a nuestro Señor sobre el pináculo del templo. El primer esfuerzo del diablo fue minar el fundamento de la fortaleza del Salvador con *una duda*. El diablo le susurra «*Si* —*si* eres el Hijo de Dios»—. La fe es la fuerza del cristiano; el que no duda no se tambalea. La incredulidad es la fuente de nuestra principal debilidad. Tan pronto como empezamos a desconfiar, nuestros pies empiezan a resbalar. Sabiendo esto, Satanás inyecta esa cruel y malvada sospecha: «*Si* —*si* eres el Hijo de Dios».

Note el punto de ataque: la filiación de nuestro Señor. Satanás sabe que si consigue hacernos dudar del amor del Padre —dudar de nuestra regeneración y adopción—, nos tendrá en buena medida a su merced. ¿Cómo puedo orar «Padre nuestro que estás en los cielos» si no le conozco como Padre? Si la oscura sospecha cruza mi mente de que no soy su hijo, no puedo decir con el hijo pródigo: «Me levantaré e iré a mi padre» (Lc. 15:18). Si tengo un Padre, estoy seguro que Él se compadecerá de mis debilidades, cuidará de ellas, perdonará mis errores, me protegerá a la hora de la amenaza y me salvará en el peligro. Pero si, si no tengo Padre en el cielo, entonces, ¡oh miserable huérfano!, ¿qué haré? ¿Adónde me refugiaré? De pie sobre el pináculo, como hijo de Dios, me mantendré erguido, aunque el viento procure arrancarme de mi asidero. Pero si Él no es mi Padre y estoy sobre un pináculo, mi destrucción es inevitable. «Si eres el Hijo de Dios». Guárdese de la incredulidad; porque los que justifican la incredulidad encienden una vela al diablo. Dios es fiel: ¿por qué vamos a dudar de Él? Dios es veraz: ¿cómo podemos suponer que sea falso?

Si no teniendo nada, me he arrojado a los pies de la cruz; si siendo culpable y corrupto, he visto en Jesucristo todo lo que mi alma necesita, entonces soy uno con Jesús y coheredero con Él. Debo ser hijo de Dios porque soy uno con Cristo Jesús, su unigénito y muy amado Hijo. Le exhorto a aprehender la plena seguridad de su filiación en Dios Padre. No cierre sus ojos ni dé sueño a sus párpados a menos que sepa que forma parte de la familia divina. Recuerde que las dudas aquí son peligrosas en sumo grado, sobre todo, más peligrosas para los que están de pie sobre el pináculo. Dudar en el valle ocasiona tristeza, pero dudar en el monte puede acarrear destrucción. Así pues, el Salvador fue asaltado con una cruel y maliciosa insinuación de duda.

El astuto tentador ha pavimentado el camino a la sugerencia satánica: «Échate abajo». Este consejo parece la cosa más absurda que se puede sugerir. Jesús teme caer, por eso se le insinúa que se eche abajo. Si usted no entiende esto, es porque no está familiarizado con los métodos satánicos. La mente humana oscila muy extrañamente. Aunque al principio pueda ser dirigida por la fuerza de izquierda a derecha, naturalmente vuelve a oscilar a la izquierda, retornando por pura necesidad al mismo punto. Ha habido personas que se han dejado morir de hambre por temor a la pobreza y contraído enfermedad por temor a ella. Otros han tratado de destruirse a sí mismos cuando fueron condenados porque temían ser colgados. Es difícil asegurar qué escape de la muerte puede el suicidio ofrecer, pero algunos lo han intentado. En una posición en la que no puedo mantenerme de pie, lo más natural es echarme abajo directamente. Uno teme mientras se encuentra al borde del precipicio, teme caer. Mientras tanto una insana tendencia a caer puede adueñarse de usted. Es extraño, pero resulta que somos criaturas extrañas. Aunque parezca una tentación muy remota, no es antinatural. Es coherente con las consabidas leyes de la conciencia: solemos ser tentados a hacer lo que tememos hacer y a hacerlo para escapar de ello. Échese abajo, no vaya a caerse.

Le mostraré formas en que esta tentación ha venido a algunos de nosotros. El ministro es colocado en una posición en la que sus tareas y problemas son incesantes. Con tanto que tiene que hacer y cosas tan delicadas que gestionar teme cometer un error e injuriar a la iglesia que intenta bendecir. La oscura sugerencia pasa por su mente: «Tira la toalla, deja la obra», lo cual equivale a decir: causa el mayor daño que puedas a la iglesia para evitar causarla ningún daño. Lo mismo sucede en el mundo de la empresa y los negocios: se ha esforzado por pagar a todos los que debe, por hacer las cosas honestamente delante de todos los hombres, pero las cosas resultan, en este momento, muy improductivas. Satanás susurra a muchos: «Sal de ahí. Vete a otro lugar. Deja todo y huye de las facturas».

O este otro caso. Usted es cristiano, pero vive en una familia que tiende muchos obstáculos a su piedad. Apenas puede apartarse a orar. Nunca oye una buena palabra de sus seres queridos. Ha estado luchando por Dios hasta aquí y el enemigo le dice en este momento: «No lo intentes más; renuncia a tu profesión, abandona; vuelve al mundo». Es decir, para no deshonrar a Cristo, es tentado a deshonrarle.

¡Es extraño, pero extrañamente cierto! Doy gracias a Dios por la vida de Jonás. Ese profeta miserable, malhumorado, siempre sirve de advertencia a algunos. Dios dijo a Jonás: «Ve a Nínive y predica». «No», pensó Jonás, «No puedo hacer eso. ¿Cómo puedo ir a predicar a esa ciudad? No tendré el honor». De manera que huye hacia Tarsis. No sospechaba que tratando de huir del problema se estaba metiendo en él. Lo mismo sucede con usted. Quiere ir a Tarsis para huir de Nínive; es decir, choca con las profundidades del mar para escapar a la de los ríos, corre hacia el fuego tratando de escapar de la sartén. Si está atravesando una prueba terrible, severa y ardiente, le señalo al Salvador, subido en el pináculo del templo; le insto a imitarle manteniéndose firme contra el enemigo desesperado. «Por tanto, tomad toda la armadura de Dios, para que podáis resistir en el día malo, y habiendo acabado todo, estar firmes» (Ef. 6:13).

La sugerencia de echarse abajo *fue respaldada por un texto de la Escritura* (Sal. 91:11) —malvado consejo sustentado por un argumento estúpido—. «Échate abajo; porque escrito está: A sus ángeles mandará acerca de ti y, en sus manos te sostendrán.» Note que excluye las palabras «en todos tus caminos», lo cual limita la protección prometida. El Señor nunca promete guardarnos en caminos de nuestra propia elección. Toda tarea que se nos requiera y todo mapa trazado por la Providencia gozará de protección divina concedida a sus viajeros, pero si escogemos nuestro propio camino, no tenemos promesa de que se vaya a cuidar de nosotros.

Cuando el diablo quita algo de un texto, generalmente añade algo de su propio repertorio. Por lo cual, añadió estas palabras: «*No sea que*» o «*para que*». Se propuso eliminar los límites del texto, quitar sus marcas de referencia. Tenemos la promesa de que a lo largo de la autopista del Rey al cielo no habrá león, ni ave rapaz, sino que los redimidos estarán allí. Pero si sigo una senda al desierto, o si me meto en la jungla movido por mi propia superstición y necedad, no puedo esperar protección; y si me pongo a viajar *en cualquier momento*, escogiendo mis propios tiempos en vez de esperar la columna de nube, no estaré bajo la protección divina, ni podré esperarla. ¿Le ofrece el texto, como reza el salmo noventa y uno, razón para creer que si se arroja desde el pináculo Dios le va a recoger en el fondo sano y salvo? Ciertamente no; una lectura correcta indica que Dios sólo nos guardará en la senda del deber.

Es una doctrina preciosa la de que los santos están seguros, pero es detestable inferir que pueden vivir como se les antoje. Es una verdad gloriosa el que Dios guardará a su pueblo, pero una falsedad abominable que el pecado no les hará daño. Recuerde que Dios nos concede libertad, no licencia para transgredir, y aunque Él protege no permite la presunción. Si Dios me envía dificultades, Él me librará de ellas, pero si yo mismo me las busco, tendré que asumir las consecuencias. Si la Providencia permite al diablo que me ponga en un pináculo, Dios me ayudará, pero si me echo abajo, entonces, ¡ay de mí!, porque me aparto de la gracia de Dios. Con todo, la tentación no es infrecuente: Haga tal y tal cosa, porque sus intereses eternos están a salvo; rehúya, pues, el servicio de Dios, suelte las bridas y deje que los caballos tiren por donde quieran; Él los guiará; no toque el timón; el Dios del viento guiará la nave; no arrime el hombro para nada, sino clame a Dios pidiéndole ayuda y siéntese perezosamente. Esto es lenguaje del diablo, y nuestras pobres mentes distraídas y entontecidas lo escuchan de buena gana. Pero si Dios nos otorga su gracia, diremos: «Dios ayuda a los que se ayudan a sí mismos; Dios actúa en favor de los que colaboran con Él, y en el nombre de Dios izo mi estandarte; iré dondequiera que Él me mande, aunque sea a través del agua y el fuego; y si me coloca en el pináculo del templo, me quedaré allí hasta que Él me baje, pero en cuanto a arrojarme al fondo para escapar, Oh Padre y Dios mío, ayúdame a luchar contra esta tentación y hazme más que vencedor por medio de tu querido Hijo.

¿Y qué acerca de *la respuesta que dio el Salvador*? Dijo: «Escrito está: No tentarás al Señor tu Dios». Note que Jesús confrontó una promesa falsa con un precepto aplicado correctamente. En ese momento, el precepto fue más valioso para Cristo que la promesa. Hay personas a quienes les encanta la parte de la promesa de la Palabra de Dios, pero no pueden soportar el precepto. Hay quienes se deleitan enormemente cuando el ministro predica sobre un texto agradable; sus almas aman las viandas sabrosas. Pero si el pastor expone un precepto de la Palabra de Dios, se alejan diciendo que «es un legalista».

No es seguro elegir caprichosamente tocante a asuntos de la verdad divina. ¡Salve a todas las promesas agradables! Me encontraréis como los ángeles se presentaron a Jacob en Mahanaim. ¡Salve también a todos los preceptos justos! Me encontraréis como Natán se presentó a David, a reprenderme por mis pecados. Vosotros también sois mis amigos, os saludo y me alegro de que seáis mis compañeros. Debemos recibir las promesas, los preceptos, las exhortaciones y las reprensiones. La composición de la Escritura —como mezcla de fragancias de mercaderes que trafican con dulzura y excelencia— no debe ser lesionada por la sustracción de un solo ingrediente. Ame el precepto. Piense como David, que escribió el salmo 119 no tanto en alabanza de la promesa, como de los estatutos y leyes de Dios. A veces el precepto es el principio compensador necesario para guardarnos de la perversión de la promesa. Las promesas por sí mismas son como caramelos dados a los niños, que si abusan de ellos les producen malestar, pero el precepto llega como medicina salutífera para poder recibir la promesa sin perjuicio.

¿Es usted tentado a rehuir el servicio y el amor de Dios? Oiga esto: «No tentarás al Señor tu Dios». Eso es lo que hace, tentar a Dios. Le tienta a castigar su pecado cuando usa medios equivocados para huir del peligro. Un cristiano que se inclina a falsear datos para escapar del marasmo económico en que se halla sumido tienta a Dios, porque pide a Dios que le ayude y después recurre a instrumentos malignos para escapar. ¿Por qué tienta a Dios para que le ayude a defraudar a su vecino? ¿Se atreve usted a pedir su ayuda mientras hace lo que no es estrictamente justo? No ose hacer tal cosa. «No tentarás al Señor tu Dios». El obrero cristiano que se atreve a huir del trabajo y dice: «Dios cuidará de mí», ¿qué está haciendo? Está pidiendo a Dios una de dos cosas: o su destrucción, lo cual Él no hará, porque es un Dios fiel, o apoyarle y consolarle cuando no anda por la senda del deber, lo cual no sería correcto para Dios, ya que Él no puede ofrecer la dulzura de su consuelo y el gozo de su rostro a un hombre que, de este modo, se sentiría animado a persistir en el pecado.

Cuídese de provocar el celo de Dios. Aunque haya grandes profundidades debajo de usted, no puede caer si Él le sostiene. Aunque otros sean despedazados y usted oiga el golpe de su caída, no obstante, Él sostiene al justo. Aunque sienta pánico y esté listo para soltarse de su asidero, con todo, el Dios eterno es su refugio, y debajo de usted se extienden los brazos eternos. Su extrema debilidad será oportunidad para su poder, y cuando caiga desmayado, listo para morir, entonces las alas angélicas le servirán y los querubes ayudantes le llevaran en volandas para que no se destroce el pie contra una piedra. Pero sea muy valiente y confiado y diga al diablo del infierno: «Largo de aquí, porque el Dios que permitió que aquí estuviera nunca me ha abandonado, nunca lo hará, y mientras Él esté conmigo no temeré». Lo que pueda ocurrir no es de mi incumbencia; depende de Él. Lo que a mí me toca es perseverar en la senda del deber, porque así estaré en lugar seguro.

Ánimos para mantenerse firme

El primer estímulo es éste. Pensamiento sencillo, pero tiene sabor a néctar para mi fatigado corazón. *Jesús fue tentado como yo lo soy*. Usted habrá oído esta verdad mil veces, pero ¿la ha entendido? Él no estuvo exento de ninguna de las tentaciones que nos sobrevienen a nosotros. Fue tentado a los mismos pecados que nosotros cometemos. No se desvincule de Jesús. Ha estado pasando por un cuarto oscuro, pero Jesús le precedió. Está librando una batalla encarnizada, pero Jesús ha combatido codo a codo con el mismo enemigo. Fue un gran estímulo para los macedonios en sus agotadoras marchas el ver faenar a Alejandro siempre junto a ellos. Ganaron sus batallas y desplazaron a los persas delante de ellos como los leones persiguen a un rebaño de ovejas, mayormente mediante la destreza de Alejandro. Primeramente, saltando la zanja, cruzando el río o escalando el terraplén; siempre aventurándose a la muerte o a la gloria; todo hombre se convirtió en héroe admirando al héroe. Que así sea con los seguidores de Jesús. Él no se queda en el pabellón cuando sus hijos están en medio del conflicto, sino que se abrocha su armadura y se pone su yelmo, y por encima del clamor de los que contienden con pericia se puede oír su grito: «Yo marcho con poder». Jesús se adentra tanto en la batalla que se adelanta a la línea de vanguardia y exclama: «He pisado yo solo el lagar, y de los pueblos nadie había conmigo» (Is. 63:3). Cobremos ánimo: Cristo ha pisado el camino antes que nosotros, y las huellas de sangre del Rey de gloria se vislumbran a lo largo del camino que recorremos en esta hora.

Hay algo más dulce todavía: *Jesús fue tentado, pero nunca pecó*. Por lo tanto, alma mía, no es necesario que peques, porque Jesús fue un hombre, y si un hombre soportó tales tentaciones y no pecó, por la misma gracia, otro puede hacer lo mismo. Recuerde que ser tentado no significa pecar. Los siervos de Dios en sus mayores y amargas tentaciones están en gran medida libres de pecado y son dignos de compasión —no de acusación—. John Bunyan describió una famosa escena de Cristiano pasando por el Valle de Sombra de muerte, cuando los demonios susurraban tentaciones en sus oídos. «Así que», dijo él, «pensé que estaban verdaderamente en mi corazón», y aunque sólo fueran tentaciones del diablo, y no suyas, y aunque las aborreciera, no había pecado en ellas —quiero decir, por lo que respecta a él—. Recobre, pues, el ánimo, porque aun en medio de la tentación más fiera, atizada siete veces, como el horno de Nabucodonosor, la llama no le quemará, sino que saldrá de él sin el menor olor a fuego, aunque haya caminado sobre carbones ardientes.

La tercera cosa que nos consuela es que *Jesús no cayó, sino que salió gloriosamente victorioso*. Satanás sufrió una caída desesperada y un profundo desánimo como resultado de este conflicto, y al igual que Jesús venció, nosotros también podemos hacerlo. Jesús es el representante de su pueblo; la cabeza ha triunfado, y los miembros comparten la victoria. Mientras la cabeza de un hombre está sobre el agua no se hunde su cuerpo. La cabeza está por encima del océano de la tentación, y nosotros, que somos los miembros más bajos, no estamos hundidos, ni lo estaremos. Vadearemos la crecida corriente y pisaremos tierra firme del lado de Canaán. Se dice de los discípulos que «tuvieron temor al entrar en la nube» (Lc. 9:34), pero el Maestro les acompañaba, por lo que su temor era injustificado. Nosotros también tememos porque hemos entrado en la nube, o estamos en medio de ella, pero nuestros temores son innecesarios y vanos, porque Cristo está con nosotros, armado para defendernos. Nuestro refugio seguro es el regazo del Salvador. Tal vez seamos tentados ahora mismo para ser atraídos más cerca de Él. ¡Bendito sea todo viento que me empuja hacia el puerto de amor de mi Salvador! Felices, felices, felices heridas las que me hacen buscar al médico amado; bendita sea la muerte, que con sus crespas alas me trasladará ante el trono de mi Salvador. Todo lo que nos acerca a Cristo es bueno; todo lo que nos aparta de Él es perverso. Venga el que es tentado, venga a su tentado Salvador; venga el desanimado y atribulado; no importa cuán angustiado esté; venga. Él no olvida las tentaciones que superó y está presto a ayudarle a vencer las suyas.

No hay creyente en Cristo, ni seguidor de lo que es verdadero y amable y de buena reputación, que no sea, tarde o temprano, atacado por este diablo inmundo y las legiones alistadas a su servicio. He ahí su enemigo. Aunque no pueda verlo ni detectar su forma, crea que este enemigo le resiste. No es un mito ni un sueño, ni imaginación supersticiosa. Es un ser tan real como nosotros. Aunque espíritu, ejerce tanto poder real sobre nosotros como nosotros ejercemos sobre otros, mejor dicho, en muchos casos, mucho más. Esta no es visión nocturna, fantasma o enfermedad del cerebro. Ese malvado es tan activamente real en este día como lo fue cuando Cristo se enfrentó con él en letal conflicto en el desierto de la tentación. Los creyentes tienen que luchar ahora con Apollyón en el Valle de la humillación. Contra este príncipe de las tinieblas declaramos el consejo del apóstol: «Al cual resistid firmes en la fe».

7

El león rugiente

Sed sobrios, y velad; porque vuestro adversario el diablo, como león rugiente, anda alrededor buscando a quien devorar; al cual resistid firmes en la fe, sabiendo que los mismos padecimientos se van cumpliendo en vuestros hermanos en todo el mundo —1 Pedro 5:8-9.

Satanás, también llamado en la Escritura con otros nombres, todos descriptivos de su carácter, fue una vez un ángel de Dios, quizá uno de los principales entre los más impetuosos:

Principal de los hijos de luz,
Brillante entre los brillantes.

El pecado, que todo lo destruye, que convirtió el Edén en Acéldama, pronto encontró residentes para el infierno en el mismo cielo, arrancando de su esfera una de las estrellas más brillantes de la mañana y apagándola en su noche más oscura. A partir de ese momento, este espíritu maligno, desesperado de ser restaurado a su primera gloria y felicidad, juró perpetua hostilidad contra el Dios del cielo. Tuvo la audacia de atacar abiertamente las obras del Creador. Manchó la creación. Expulsó al hombre del trono de gloria y le arrastró al fango de la depravación. Con el rastro de la serpiente despojó toda la belleza del Edén, dejó una desolación que produce zarzas y ortigas, una tierra que ha de ser regada con el sudor de la frente. No contento con esto, luego de despojar a la primera creación, no ha cesado de intentar lo mismo con la segunda. El hombre, creado a imagen de Dios, quedó arruinado. Ahora emplea todas sus estratagemas, todas sus artimañas, todo el ingenio de su destreza y todo el veneno de su malicia para destruir al hombre nacido de nuevo, creado a imagen de Jesucristo. Con incesante esfuerzo y paciencia inquebrantable, siempre está ocupado en tratar de aplastar la simiente de la mujer.

> No hay creyente en Cristo, ni seguidor de lo que es verdadero y amable y de buena reputación, que no sea, tarde o temprano, atacado por este diablo inmundo y las legiones alistadas a su servicio. He ahí su enemigo. Aunque no pueda verlo ni detectar su forma, crea que este enemigo le resiste. No es un mito ni un sueño, ni imaginación supersticiosa. Es un ser tan real como nosotros. Aunque espíritu, ejerce tanto poder real sobre nosotros como nosotros ejercemos sobre otros, mejor dicho, en muchos casos, mucho más. Esta no es visión nocturna, fantasma o enfermedad del cerebro. Ese malvado es tan activamente real en este día como lo fue cuando Cristo se enfrentó con él en letal conflicto en el desierto de la tentación. Los creyentes tienen que luchar ahora con Apolión en el Valle de la humillación. Contra este príncipe de las tinieblas declaramos el consejo del apóstol: «Al cual resistid firmes en la fe».

Abordaré este punto desde cuatro ángulos. Primeramente, *la incesante actividad satánica.* «El diablo, como león rugiente, anda alrededor buscando a quien devorar»; en segundo lugar, meditaremos *en sus terribles rugidos*; en tercer lugar, *acerca de su objetivo último*; y, por último, consideraremos la exhortación de Pedro y mostraremos cómo ha de ser vencido Satanás.

La perpetúa actividad satánica

Solamente Dios es omnipresente; Satanás sólo puede estar en un lugar en cierto momento. No obstante, si uno considera cuántos problemas causa, deducirá fácilmente que debe ejercer un volumen increíble de actividad. Él está aquí y allí, y en todas partes, tentándonos, esparciendo sus tentaciones por países lejanos, apresurándose a través del mar, o acelerando sobre la tierra. No tenemos manera de evaluar sus medios de lucha, pero podemos inferir o deducir fácilmente, a raíz de su constante presencia en todos los lugares, que debe viajar a una velocidad de vértigo. Cuenta, además con una hueste de espíritus caídos. Este gran dragón arrastró en su caída la tercera parte de las estrellas del cielo —que están listas para ejecutar su voluntad y obedecer sus mandatos, si no con la misma fuerza y potencia que pertenece por derecho hereditario a su gran líder, si con parte de su espíritu, astucia y malicia.

¡Cuán activo debe ser! Sabemos que se puede encontrar en cualquier lugar. Entre en el santuario más sagrado, y lo encontrará allí. Visite Wall Street, y no le faltarán indicios de su presencia. Retírese a la quietud del círculo familiar, y pronto detectará en disputas y envidias que Satanás ha esparcido allí puñados de semilla malévola. Incluso en la profunda soledad cavernosa del ermitaño hallará las huellas de sus pies hendidos. Él se encuentra en la colisión de espadas, en el corazón del tirano, e incluso en la enemistad que brota en el pecho del oprimido. Viaje a los territorios agrestes donde no ha pisado misionero cristiano, y descubrirá que Satanás ha penetrado en el interior profundo, y tutelado al bárbaro. Satanás es el príncipe de la potestad del aire. Dondequiera se inspire aliento de vida, la venenosa atmósfera de la tentación es cosa familiar.

Recuerde que por cuanto él se encuentra en todos los lugares, *usted lo encuentra a menudo dondequiera que va*. Usted ha tratado de servir a Dios en sus ocupaciones diarias, pero le han asaltado tentaciones fuertes, furibundos pensamientos de maldad. Ha llegado a casa casi quebrantado con sus resbalones, intentando magnificar a su Maestro, pero su pecado acosador le derribó, y Satanás se exaltó en su caída. Se dijo: «Me iré a la cama», pero dando vueltas a medianoche usted se lo encontró. Se levantó diciendo: «Oraré», pero ¿quién entre nosotros no se ha topado con el nauseabundo demonio en su solitario conflicto? Cuando deseamos luchar con el Ángel de Dios tuvimos que contender con el diablo infernal. Fíjese en las cicatrices del pecado en su vida y en algunas, no ya marcas del pecado, sino de la presencia satánica. Pero Satanás no está en todo pecado; nosotros pecamos por nosotros mismos. No debemos cargar demasiado sobre sus hombros. El pecado crece en el corazón sin ninguna siembra, como cardos y abrojos crecen en los surcos baldíos. No obstante, hay veces en las que el mismo Satanás ha estado presente, y usted debe haberlo sabido y sentido. ¡Cuán a menudo ha dañado y manchado el máximo rendimiento de nuestras voluntariosas manos!

También debemos observar *cuán dispuesto está Satanás a ventilar su rencor contra nosotros en todos los estados de ánimo.* Cuando estamos deprimidos en espíritu, es seguro que ese viejo cobarde nos atacará. Siempre he observado que él prefiere atacar a algunos cuando están débiles y deprimidos antes que en otro momento. ¡Cómo nos trastornó la tentación cuando estábamos enfermos! Por otra parte, si nos sentimos gozosos y triunfantes, disfrutando a veces del alegre estado de ánimo de David cuando danzó delante del arca, entonces Satanás sabe cómo tender sus trampas para tentarnos con presunción —mi montaña permanece firme, jamás vacilaré— o seguridad carnal —«alma, muchos bienes tienes guardados para muchos años»— o fariseísmo —«mi propia fuerza y bondad me han exaltado»—. O intentará envenenar alegrías con presentimientos malignos. «Muy bien», dice, «esto es demasiado bueno para retenerlo; pronto serás derribado, y estas plumas hermosas serán holladas como el lodo de las calles». Él sabe bien cómo, en cada estado de ánimo, aprovechar nuestra condición para servir a sus devastadores propósitos. Él le seguirá cuando su alma esté desesperada y susurre: «Dios te ha abandonado y entregado al deseo de tus enemigos». Y rastreará su curso ascendente, cabalgando, por así decirlo, sobre alas de querubines, cuando pise la estrellada senda de la comunión. Sobre el pináculo del templo le tentará diciendo: «Échate abajo»; y sobre la cumbre del monte, le atacará con: «Arrodíllate y adórame».

Y recuerde lo bien que sabe *trastocar todos los acontecimientos de providencia contra nosotros.* Ahí viene Esaú, hambriento, tras una larga jornada de caza; hay un potaje preparado para tentarle a que venda su primogenitura. Ahí está Noé, contento de escapar a su prolongada reclusión en el arca; se siente alegre; lista está la copa de vino para que beba. Ahí está Pedro; su fe es pequeña, pero grande su presunción; hay una doncella dispuesta a afirmar: «También éste estaba con Jesús el nazareno» (Mt. 26:71). Ahí está Judas, y treinta piezas de plata en manos de los sacerdotes para tentarle. ¡No faltan recursos! Si hay un Jonás dispuesto a ir a Tarsis para alejarse de Nínive, hay un barco a punto de zarpar. Satanás cuenta con providencias que procuran falsificar la providencia de Dios. Al menos, sabe cómo usar la providencia de Dios para sus propios objetivos.

Una de las grandes misericordias que Dios nos concede es no permitir que nuestras inclinaciones y oportunidades se encuentren. ¿No ha notado usted algunas veces que cuando siente inclinación a pecar no ha habido oportunidad, y que cuando la oportunidad ha estado presente, no ha sentido inclinación a hacerlo? El principal objetivo satánico para los creyentes es conjugar sus deseos y sus tentaciones —hacer que sus almas caigan en un estado reseco, cauterizado, para luego arrimar el fósforo y quemarlas—. Satanás es tan hábil y astuto —su dilatada experiencia es milenaria— que el hombre no es rival para él. ¿No arrastró a la caída al sabio Salomón, cuya sabiduría era más excelente que la de cualquier hijo de hombre? ¿No derribó al fuerte Sansón, quien pudo matar a mil filisteos, pero no pudo resistir a Dalila? ¿No derribó incluso al hombre conforme al corazón de Dios con un pecado de lo más lamentable? Recordemos honestamente que nunca hemos encontrado un hombre justo sobre quien Satanás no haya triunfado en alguna medida.

La terrible actividad satánica nos sigue a todas partes. Por supuesto, hay escépticos que no creen en la existencia de este espíritu maligno. He notado que casi siempre que uno no cree en el diablo tampoco cree en Dios. Normalmente, un hombre no cree que hay diablo porque nunca experimenta los ataques de Satanás y probablemente nunca los experimentará. Pero digo lo siguiente, si un hombre se ha encontrado con Satanás, como describe John Bunyan el encuentro de Cristiano con Apolión en el Valle de la humillación, no tendrá ninguna duda de la existencia del diablo. Cuando tuve que lidiar con ese archí-tentador en la hora grave de conflicto, no dudé que mi alma estaba bregando y luchando contra él más de lo que dudaría un soldado de un antagonista que le ha provocado heridas sangrientas. Al fin y al cabo, la experiencia será la mejor prueba de esta realidad, pues no se puede esperar que los que nunca han conocido el gozo del Espíritu Santo sepan mucho acerca de los ataques de Satanás, ni que los que dudan que hay Dios puedan ser grandemente atormentados por el diablo. Satanás dice a sus secuaces: «Dejadles tranquilos, caerán en la zanja por sí mismos; no hay necesidad de salir detrás de ellos».

Los rugidos de Satanás

El destructor cuenta con muchos métodos para hacer daño. En el texto, se compara con un león *rugiente*. En algunas páginas de la Escritura es comparado con un cazador de aves. Un cazador no hace ningún ruido; frustraría su intento si espantara a las aves. Coloca su señuelo lo más sigilosamente posible y con suaves notas trata de embaucar a su víctima hasta que es arrastrada a la trampa. Esto es muy distinto al león rugiente. En otro pasaje se dice que él sabe cómo transformarse en ángel de luz; y luego, de manera suave y convincente, enseña falsa doctrina y error, y en todo tiempo aparenta tener celo santo por la verdad y amor sincero por lo que es delicado y hermoso y de buena reputación. Tenemos muchos ejemplos de escritores que aborrecen el verdadero cristianismo tanto como el diablo aborrece la virtud, que escriben piadosos lamentos sobre supuestas locuras cometidas por algún pastor honesto. De todos los diablos, el más diabólico es el hipócrita beato que ama el pecado y argumenta en sentido contrario con el fin de promocionarlo. Pero en este texto, él no es ángel de luz sino león rugiente. Creo que fue Rutherford quien dijo que esta era la forma que más le gustaba del diablo. Recuerdo que en una de sus cartas da las gracias a Dios por haberle dado un diablo *rugiente* con quien lidiar. Pero la tentación peculiar a la que alude la metáfora es que un león ruge hasta asustar el bosque y hace temblar las colinas.

Estos rugidos de Satanás son triples. Tal vez Pedro alude aquí *al rugido de la persecución*. ¡Cómo rugió Satanás con persecución en los días de Pedro! Rugió, y rugió, y volvió a rugir, hasta que únicamente los corazones valientes osaron demostrar su valor por Cristo. Hubo prisiones subterráneas donde el aire fresco nunca renovaba los olores apestosos y vapores pestilentes. Hubo tormentos y horcas. Hubo espadas para decapitar y hogueras para quemar. Arrastres tras los cascos de caballos salvajes. Se untaron cuerpos con brea y se prendieron fuego aún con vida en el jardín de Nerón. Hubo tormentos que no se han de describir, imágenes cuya mera contemplación basta para hacer saltar lágrimas de sangre. «Fueron apedreados, aserrados... anduvieron de acá para allá cubiertos de pieles de ovejas y de cabras, pobres, angustiados, maltratados» (Heb. 11:37). Estos fueron los rugidos del león en los buenos días de Pedro. Desde entonces, miríadas de mártires dan testimonio de los rugidos del león. Que las multitudes torturadas con los tormentos más refinados sólo por haberse aferrado a la Palabra de Dios digan cómo rugió Satanás en los días de la antigüedad. Actualmente no ruge ni la mitad de lo que solía. ¿Por qué? No puede hacer absolutamente nada contra nosotros. Sus rugidos hoy son como los ruidos de un gato furioso. Lo único que puede hacer es recurrir a crueles burlas —de vez en cuando a alguna calumnia infame, una mofa, una caricatura o frase ingeniosa—. ¿Qué son éstas? Si no podemos soportarlas, ¿qué habríamos hecho cuando el león solía rugir de verdad? El león puede aún gruñir antes que abandonemos la faz de la tierra, ya que no sabemos lo que puede pasar. Pero déjele que ruja. Sabemos, bendito sea Dios, que Él que está con nosotros es mucho mayor que todos los que están en contra nuestra.

Hay otra clase de ataque furioso: *el rugido de la tentación intensa y vehemente*. Algunos la hemos sentido. ¿Sabe usted lo que es quedar atrapado en una tentación pavorosa a la que odia y, sin embargo, el agarre de la mano está sujeto a un brazo de fuerza tan horrenda que le arrastra contra su propia voluntad? Mira el pecado, mira su mismo rostro. Siente que no puede cometer esta gran maldad y pecar contra Dios y, no obstante, el impulso fuerte y firme, misterioso e irresistible, le arrastra hasta llegar al borde del precipicio y vislumbrar el abismo que amenaza con tragarle. En el último momento, con las justas, o por los pelos, es librado, y su pie no resbala; ni tampoco cae en manos del destructor. Con todo, tiene razón para decir: «En cuanto a mí, casi se deslizaron mis pies; por poco resbalaron mis pasos».

¿Ha conocido lo que supone que el tentador vuelva una y otra y otra vez, hasta sentirse verdaderamente angustiado? Usted sintió que prefería morir a ser perpetuamente atacado, porque temió que en una hora mala podía abandonar a su Dios. Este es uno de los rugidos satánicos dirigidos a usted, lanzando su tentación como los tormentos que sufrieron algunos mártires antiguos cuando fueron prendidos y les dieron a beber tanta agua contaminada que al final perecieron. Así ha hecho Satanás con nosotros, derramar su suciedad, enfangarnos en su lodo, presionarnos todo lo posible para que cedamos a la tentación. Mi tentación peculiar ha sido una constante incredulidad. Yo sé que la promesa de Dios es verdadera y que Él ha prometido cumplirla, no obstante, esta tentación me asalta incesantemente: «Duda de Él;

desconfía de Él; te abandonará». Puedo asegurarle que cuando esta tentación es estimulada por la ansiedad, es muy difícil resistir día tras día y decir: «No, no puedo dudar de mi Dios». Este ataque perpetuo, apuñalando, asaltando la fe del individuo, no es tan fácil de soportar. Oh Dios, te rogamos que nos libres y nos hagas más que conquistadores por el poder de tu Espíritu.

Satanás tiene otro modo de rugir. No creo que uno de cada diez hijos de Dios sepa esto, pero Satanás puede *rugir también en el oído del cristiano con blasfemias*. No me refiero a los pensamientos malignos que brotan en la mente de los hombres que en su juventud se entregaron al pecado. Me refiero más bien a los ataques más feroces de Satanás cuando inyecta pensamientos blasfemos en la mente de los creyentes que nunca habían pensado tal cosa. Así es como los describe Bunyan:

> «El pobre Cristiano tuvo que pasar por el Valle de la sombra de muerte. Como a la mitad de este valle, vio que se encontraba la boca del infierno a orillas del camino. Cuando hubo llegado frente a la boca del abismo encendido, uno de los malignos se deslizó suavemente detrás de él y silbó a su oído muchas y muy terribles blasfemias, que el pobre creía salían de su propio corazón. Esto apuró a Cristiano más que todo cuanto hasta entonces había sucedido; ¡pensar siquiera que pudiera blasfemar de Aquél a quien antes había amado tanto! Si hubiera podido remediarlo no lo hubiera hecho; pero no tuvo la discreción de taparse los oídos, ni la de averiguar de dónde venían estas blasfemias».

Rara vez los pastores aluden a estos asuntos, pero en la medida que los tales inquietan a parte del pueblo de Dios, creo que el pastor fiel a su rebaño tiene la obligación de ministrar a los que son llamados a pasar por este pasaje lúgubre y oscuro. ¡Cuánta pesadilla y terror ha causado Satanás al pueblo de Dios con pensamientos que no eran suyos, sino procedentes de él o de algunos de sus demonios! En primer lugar, Satanás sugirió el pensamiento tan claramente que David exclamó: «Horror se apoderó de mí a causa de los inicuos que dejan tu ley» (Sal. 119:53). Después, cuando el pensamiento parpadea un instante en el alma, Satanás le envía un segundo horror diciéndole: «No eres hijo de Dios, de lo contrario no tendrías naturaleza tan vil».

Aunque usted jamás lo imaginó, fue sugerencia de Satanás, no suya. Luego, después de haber dejado su pecado a su puerta, Satanás se vuelve acusador de los hermanos y trata de desanimar la excelencia de su fe haciéndoles imaginar que han cometido el pecado imperdonable. Si él ruge contra usted —ora con persecución, ora con tentación o insinuaciones diabólicas— esgrima las palabras de Pedro: «Al cual resistid firmes en la fe, sabiendo que los mismos padecimientos se van cumpliendo en vuestros hermanos en todo el mundo».

La intención última de Satanás

«Buscando a quien devorar». Nada menos que la perfecta y completa salvación del cristiano es el deseo de corazón de nuestro Salvador. Sucede lo contrario con Satanás, que nunca está contento hasta que ve al creyente completamente devorado. Nada menos que la total destrucción del creyente satisfará jamás a nuestro adversario. Satanás haría trizas al creyente, quebraría sus huesos, y le destruiría completamente si pudiera. No consienta, pues, este pensamiento: que la principal intención de Satanás es hacerle miserable. Le agrada tal cosa, pero no es su objetivo final. Incluso a veces, puede hacerle feliz, porque cuenta con finas ponzoñas, dulces al paladar, que administra al pueblo de Dios. Si percibe que nuestra destrucción se puede conseguir más fácilmente con dulces que con amargos, ciertamente preferirá lo que mejor se adapte a su propósito. Verdaderamente, es una tentación severa dejarle a uno a sus anchas. Cuando pensamos que no hay ocasión para desenvainar la espada, la desatamos del costado; nos despojamos de la armadura pieza por pieza, y es entonces cuando somos más vulnerables a los ataques de nuestros enemigos.

Satanás se alegrará bastante, sin duda, de ver que su fe flaquea, pero su objetivo es destruirla para que no crea en Dios para salvación de su alma. Se contentará si logra arrojar barro a los ojos de su esperanza, pero nunca se sentirá satisfecho hasta arrancarle los ojos de cuajo y enviarle, como a Sansón, a moler al molino. Consolémonos con esto: si Satanás desea que seamos totalmente destruidos, al menos en eso es seguro que será derrotado. Por lo que respecta al asunto de quién obtendrá la victoria —Cristo, el Hijo eterno de Dios, o Satanás, el príncipe del poder del aire—, no cabe ninguna duda quién triunfará.

La batalla no es nuestra; es del Dios todopoderoso. El que una vez aplastó la cabeza de la serpiente, aun dirime una guerra con él. Ninguno por los que Cristo murió y a quienes amó serán entregados jamás al poder de su adversario. Gócese de que Satanás pueda molestarle, pero no desgarrarle, pueda herirle, pero no matarle, pueda ponerle encima el pie para exterminarle, pero usted aún se levantará con nuevas fuerzas y dirá: «Tú, enemiga mía, no te alegres de mí, porque, aunque caí, me levantaré; aunque more en tinieblas, Jehová será mi luz» (Mi. 7:8).

Cómo podemos vencer a este adversario

«*Al cual resistid firmes en la fe*». Este es nuestro principal medio de defensa. Cuando Satanás nos ataca como ángel de luz, no debemos tanto resistir con declarado antagonismo como huir. Hay algunas tentaciones que sólo se han de vencer huyendo de ellas, pero cuando Satanás ruge, hemos de emitir el grito y el clamor de guerra. Correr en *este caso* sería cobardía que entraña cierta destrucción.

Suponga ahora que Satanás ruge con *persecución*, o suponga que es calumniado, vilipendiado o maltratado. ¿Se hundirá? Entonces habrá fracasado. ¿Dirá usted: «Jamás, el que me llamó a la obra es fiel; pelearé hasta el fin»? Habrá hecho bien; habrá resistido y será vencedor en aquel día. ¿Le ha atacado con alguna tentación detestable en su espíritu? Ceda un centímetro, y será deshecho, pero sea más cuidadoso y vigilante de sí mismo en ese pecado particular, y la resistencia ciertamente acarreará victoria. ¿O él le ha inyectado blasfemia? Resista. Ore más cada vez que él sea más activo. Pronto desistirá si descubre que sus ataques le empujan a Cristo. A menudo Satanás no es más que un gran perro negro que conduce a las ovejas de Cristo más cerca del Maestro. Responda a Satanás desviando sus tentaciones hacia un buen fin, y pronto abandonará ese método de combate.

Resístale. Pero ¿cómo? «Firme en la fe». Procure obtener un conocimiento claro de las doctrinas del evangelio, y después empúñelas debidamente. Esté dispuesto a morir antes que a renunciar a una pizca de la verdad revelada de Dios. Esto le fortalecerá. Luego aférrese a las promesas de Dios que son sí y amén en Cristo Jesús. Sepa que para toda doctrina hay una promesa opuesta. Tenga preparado ante cualquier ataque una palabra firme que comience por: «Escrito está».

Toda el agua que rodea a un barco no puede hundirlo. Lo que hace peligrar su flotación es el agua que tiene dentro. Del mismo modo, si su fe se mantiene firme y es capaz de decir: «Aunque él me matare, en él esperaré», Satanás puede golpear su escudo, pero no herir su carne. El conflicto puede alargarse, pero la victoria es segura. Manténgase cerca de la cruz y estará seguro. Ponga sus brazos en torno al Salvador moribundo. Deje que sus gotas de sangre caigan sobre sus pecados, y aunque no pueda verle, crea en Él. Deje que ruja Satanás, no puede hacerle daño; deje que se enfurezca, su furia es en vano; sólo puede enseñar los dientes, porque, ciertamente, no puede morder. «Al cual resistid firmes en la fe».

Hay otra palabra añadida para nuestro consuelo: «Sabiendo que los mismos padecimientos se van cumpliendo en vuestros hermanos en todo el mundo». Esto está bien representado por John Bunyan en la imagen a que aludí del valle de la sombra de muerte.

> Mientras Cristiano avanzaba por la senda extremadamente estrecha, con una profunda sima a un lado y una peligrosa ciénaga, al otro, se detuvo y pensó seriamente qué le convendría hacer. Por una parte, le parecía mejor volver; pero por otra pensaba que tal vez habría pasado ya más de la mitad del valle; discurrió que el peligro de volver podría ser más y mayor que el de avanzar y se decidió a seguir. Y mientras lo ponderaba, le pareció oír la voz de un hombre que iba delante de él diciendo: «Aunque ande por el valle de sombra de muerte no temeré mal alguno, porque tú estás conmigo». Esto le puso gozoso por varias razones: Porque infería de aquí que algunos otros que temían a Dios estaban también en este valle. Porque percibía que Dios estaba con ellos, aunque su estado era tan oscuro y triste. «¿Y por qué no también conmigo» pensó en su interior, «aunque por razón del impedimento propio de este lugar no puedo percibirlo?». Porque esperaba (si lograba alcanzarlos) tener luego compañía. Se animó, pues, a seguir su marcha, y dio voces al que iba delante; pero éste, creyéndose también solo, no sabía qué contestar.

El honesto John da aquí vida a nuestra experiencia. ¡Cuántas veces hemos sentido «no creo que nadie se haya sentido nunca como yo!». Este texto destaca para refutar nuestra suposición: «Los mismos padecimientos se van cumpliendo en vuestros hermanos en todo el mundo». Ciertamente su Señor ha estado allí antes, ya que fue tentado en todos los aspectos como usted. La Escritura afirma que todos sus hermanos han tenido alguna participación en sus aflicciones. Ellos salieron de la tentación salvos e ilesos, y así saldrá usted. Cuando ellos testificaron que sus ligeras aflicciones redundaron para ellos en un más abundante y eterno peso de gloria, así también será su testimonio. Lo mismo que ellos han vencido y ahora rodean el trono de Dios con vestiduras de lino fino, también lo estará usted. Saldrá de toda prueba y de todo forcejeo, excepto el que sea útil para limpiarle de su escoria y su óxido. Saldrá de las aguas profundas bañado, limpio y purificado.

Observe su agonía y sudor sangriento, su cruz, su pasión, su muerte, su sepultura, su resurrección, su ascensión y hallará bálsamo para todo temor, un saludo cordial para todo sufrimiento. Todo lo que desea y todo lo que su corazón puede desear, con toda seguridad, se encuentra en Cristo Jesús su Señor.

La historia del Antiguo Testamento es una historia del empeño que tiene Satanás en contrarrestar la obra de Dios. Lo mismo sucede desde los días de nuestro Señor Jesucristo. Cuando Jesús estuvo en la tierra, Satanás le estorbó. Se atrevió a atacar al Señor a su misma cara; y una vez que fracasó, los fariseos, los saduceos, los herodianos, y toda clase de hombres trataron de frustrar sus planes. Cuando los apóstoles iniciaron su ministerio, Herodes y los judíos obstaculizaron sus movimientos; y cuando la persecución fracasó, brotaron en la iglesia toda suerte de herejías y cismas: Satanás aún les puso dificultades. En no mucho tiempo, el esplendor abandonó a la iglesia y el lustre de la verdad se ausentó, porque por causa de la falsa doctrina, la tibieza y la mundanalidad, Satanás les estorbó. Cuando amaneció la Reforma, si Dios había levantado a un Lutero, el diablo levantó a un Ignacio de Loyola para poner trabas. En Inglaterra, si Dios tuvo sus Latimers y sus Wycliffes, el diablo tuvo sus Gardiners y sus Bonners. Cuando Whitefield y Wesley atronaron como la voz de Dios, hubo réprobos que les obstaculizaron y les deshonraron. Desde el primer momento en que la bondad entró en conflicto con el mal, no ha dejado de ser verdad que Satanás nos ha estorbado. En todos los puntos cardinales, a lo largo del frente de batalla, en la vanguardia y la retaguardia, al alba y a la medianoche, Satanás ha venido estorbando. Si faenamos en el campo, intenta romper el arado; si edificamos los muros, se esfuerza por derribar las piedras; si servimos a Dios en medio del sufrimiento o el conflicto —en todas partes Satanás nos ofrece resistencia.

8

Impedimentos satánicos

Satanás nos estorbó —1 Tesalonicenses 2:18.

Pablo, silas y timoteo desearon vivamente visitar la iglesia de Tesalónica, pero no pudieron hacerlo por una causa notable: «Satanás les estorbó». *No fue debido a falta de deseo*, ya que tenían una profunda vinculación con los tesalonicenses y deseaban volver a verles. Les dijeron: «Damos siempre gracias a Dios por todos vosotros, haciendo memoria de vosotros en nuestras oraciones, acordándonos sin cesar delante del Dios y Padre nuestro de la obra de vuestra fe, del trabajo de vuestro amor y de vuestra constancia en la esperanza en nuestro Señor Jesucristo» 1 Ts. 1:2-3). Su deseo de visitar juntos la iglesia fue desautorizado, pero como se preocupaban por su bienestar, enviaron a Timoteo en solitario a ministrar por un tiempo en ella. No fue falta de deseo lo que les estorbó, sino falta de poder. *Y no se lo impidió la especial providencia divina*. Vemos en ciertas ocasiones que a Pablo no le fue permitido ir precisamente donde su corazón le hubiera guiado: «Les fue prohibido por el Espíritu Santo hablar la palabra en Asia» (Hch. 16:6). Sin embargo, no pudieron achacar su ausencia de Tesalónica a ninguna intervención divina; les pareció que procedía del gran adversario: «Satanás nos estorbó».

Sería inútil afirmar dogmáticamente cómo hizo eso Satanás, pero podemos esbozar una conjetura razonable. Una teoría es que Satanás se lo impidió a Pablo suscitando una gran tormenta de persecución contra él en Berea y otros lugares, de modo que era prudente retrasar su visita hasta que amainara la tormenta. Pero es difícil que este fuera el único impedimento, ya que Pablo era tan valiente que ningún temor u oposición le hubieran disuadido. Como un verdadero e intrépido campeón, Pablo se deleitaba en ser hallado en medio de sus enemigos. Posiblemente el antagonismo de varios filósofos que conoció en Atenas y las herejías en Corinto, a raíz de las cuales parece que fue escrita su epístola, requirieron su presencia en el escenario de acción. Pablo sintió que no podía abandonar a las iglesias con problemas a merced de sus enemigos; tenía que contender con los lobos rapaces y desenmascarar a los malvados que lucen ropajes de ángeles de luz.

Satanás impulsó a los enemigos de la verdad a una oposición laboriosa, de modo que impidieron que el apóstol y sus compañeros fueran a Tesalónica. O puede ser que Satanás suscitara disensiones y discordias en las iglesias que Pablo estaba visitando, y por tanto Pablo se viera obligado a detenerse, primero en una y después en otra, para zanjar sus diferencias y hacer constar el peso de su propia influencia espiritual sobre las secciones divididas de la iglesia para restaurar su unidad. El que la persecución, o la herejía filosófica, o las divisiones de la iglesia fueran el instrumento externo, no lo podemos asegurar, pero Satanás fue, desde luego, el principal instigador.

Tal vez usted se pregunte por qué el diablo se iba a preocupar tanto de Pablo y sus compañeros y su paradero. ¿Por qué iba el diablo a estar tan interesado en impedir que estos tres hombres visitaran aquella iglesia particular? Esta pregunta nos conduce a observar la maravillosa importancia asignada a la influencia de los cristianos. He ahí el maestro de todo mal, el príncipe del poder del aire, atentamente observando el viaje de tres hombres humildes, y al parecer, mucho más preocupado por sus movimientos que por las acciones de Nerón o de Tiberio. Esos menospreciados heraldos de misericordia eran los adversarios más temidos de Satanás. Predicaban el nombre que hace temblar el infierno. Declaraban la justicia contra la que el odio satánico siempre se ventila con máxima fuerza. Con mirada maliciosa el archienemigo observó su senda diaria, y con mano astuta les obstaculizó por todas partes. No es de extrañar que Satanás deseara mantener a estos hombres apostólicos apartados de la iglesia de Tesalónica, porque la iglesia era joven y débil y Satanás pensaría que aún podría matar al recién nacido. Además, Satanás tiene un odio feroz y ancestral a la predicación del evangelio, y posiblemente, no había habido declaración pública de la verdad en Tesalónica desde que Pablo se había ausentado y temiera que los agitadores de la verdad del evangelio se hubieran vuelto a infiltrar entre las masas y se hubiera desatado un gran fuego. Además, Satanás siembre aborrece la comunión cristiana; tiene por norma mantener a los cristianos apartados. Se deleita en cualquier cosa que pueda dividir a los santos. Él concede más importancia a la comunión piadosa que nosotros. Comoquiera que la unión es la fuerza, hace todo lo que puede por fomentar la separación, de modo que mantendría alejado a Pablo para que ellos perdieran la fuerza que siempre fluye del amor cristiano.

Esta no fue la única ocasión en que Satanás ha obstaculizado a hombres piadosos. Ciertamente, esa ha sido su costumbre en todos los siglos, pero hemos elegido este incidente particular para que los que son estorbados por Satanás puedan ser instruidos y para que nadie se extrañe cuando una prueba ardiente venga sobre ellos.

Impedimentos satánicos que obstaculizan la obra de Dios

Siempre que puede, Satanás obstaculiza la obra de Dios. «Satanás nos estorbó», es el testimonio que todos los santos del cielo darán contra el archienemigo. Este es el testimonio de todos los que han escrito una línea santa en la página de la historia o labrado un nombre consagrado en la roca de la inmortalidad.

En la escritura sagrada, vemos que Satanás interfiere para obstaculizar la plenitud *del carácter personal de los santos*. Job era justo y perfecto delante de Dios y de los hombres; perseveraba en producir una imagen acabada de lo que ha de ser el creyente en Dios. En efecto, vivía de tal manera que el archienemigo no podía encontrar falta en sus actos y sólo se atrevió a imputarle malos motivos: «¿No le has cercado alrededor a él y a su casa y a todo lo que tiene?» (Job 1:10). Satanás procuró trocar la vida ejemplar que Job dedicaba a Dios en una maldición, y por eso le abofeteo duramente. Despojó a Job de toda su sustancia. Los mensajeros malvados se pisaron mutuamente los talones, y las infortunadas noticias sólo cesaron cuando todos sus bienes habían sido destruidos y sus hijos habían perecido.

El pobre y afligido padre fue luego azotado en carne y hueso hasta tener que sentarse en un muladar y rascarse con un tiesto. Aun así, el paciente no pecó. Con lo cual, Satanás planeó otro intento para impedir que retuviera su carácter santo. Instigó a la mujer de Job a decir: «¿Aún retienes tu integridad? Maldice a Dios, y muérete» (Job 2:9). Este fue un grave y penoso impedimento para culminar la maravillosa carrera de Job, pero gloria a Dios, el hombre curtido en paciencia no sólo venció a Satanás, sino que hizo de él plataforma para alcanzar mayor altura de preclara virtud, pues es famosa la paciencia de Job, pero no la habría conocido si el diablo no la hubiera iluminado con la llamarada de las aflicciones. Si la vasija no hubiera sido quemada en el fuego, los colores brillantes no habrían sido tan fijos y permanentes.

La prueba que sufrió Job sacó a relucir el brillo de su incomparable entereza en sumisión y resignación a Dios. Tal como el enemigo ancestral acosó al patriarca para dificultar su perseverancia en la buena senda de la excelencia, lo mismo hará con nosotros. Cuídese de la jactancia, porque su virtud será aún probada. Satanás dirigirá sus intrigas precisamente contra la virtud que le hace más famoso. Los pájaros picotearán su fruto más maduro, y el jabalí hincará sus colmillos en los odres de sus vinos escogidos. ¡Cuán a menudo la piedad intensa, la generosidad de carácter y la fidelidad de conducta han sido obstaculizadas por la malicia satánica!

Este no es el único negocio del enemigo, porque se toma muy en serio el impedir *la libertad de los redimidos del Señor*. Cuando los hijos de Israel estuvieron cautivos en Egipto, el siervo de Dios se presentó delante de su altivo opresor, vara en mano, y en el nombre de Jehová declaró: «Así dice el Señor: "Deja ir a mi pueblo, para que me sirva"». Hizo falta una señal. La vara fue arrojada al suelo y se convirtió en serpiente. En este punto, Satanás interfirió. Janes y Jambres resistieron a Moisés. Los magos hicieron lo mismo con sus encantamientos. Ya fuera por artes diabólicas o por truco de manos, prestaron servicio al diablo, y lo hicieron bien. El corazón del faraón se endureció cuando vio que, al parecer, los magos llevaban a cabo los mismos milagros que hacía Moisés. Tome esto como tipo de los obstáculos satánicos a la Palabra de Dios. Los siervos de Cristo salieron a predicar el evangelio; su ministerio fue confirmado con señales y maravillas. «Mi reino es sacudido», dijo el príncipe del mal, e inmediatamente envió magos que hicieran incontables señales y maravillas falsas.

Las maravillas apócrifas fueron y siguen siendo tan abundantes como las ranas de Egipto. Tan pronto como se predicó el evangelio Satanás incubó varios géneros de imitaciones. Si estudia bien el espíritu y el ingenio del gran anticristo, vera que su gran poder estriba en la falsificación extremadamente inteligente del evangelio de Jesucristo. En la medida en que el oropel puede falsificar el oro y el candelabro puede competir con el sol en su esplendor, el anticristo copia la gran obra maestra de Dios, el evangelio de nuestro Señor Jesucristo. Hasta este día, en tanto los siervos de Dios esparcen el oro puro de la verdad, sus peores enemigos son los que emiten monedas falsas en las que estampan criminalmente la imagen y la inscripción del Rey de Reyes.

Hay otro caso más alejado en la historia —todo relato del Antiguo Testamento es típico de lo que ahora ocurre a nuestro alrededor—. Dios se disponía a dar a Israel y a la raza humana un maravilloso sistema de instrucción en el desierto, mediante tipos y ceremonias. Aarón y sus hijos fueron elegidos para representar al gran Sumo Sacerdote de nuestra salvación —el Señor Jesucristo—. Cada vestidura reflejaba un sentido simbólico. Toda vasija del santuario en que ministraban enseñaba una lección. Cada acto de adoración, ora la rociadura de sangre, ora la quema de incienso, todo se hacía para enseñar preciosas e importantes verdades a los hijos de los hombres. Dios se reveló y mostró la gloria del Mesías venidero en las personas de Aarón y sus hijos. Entonces, ¿qué? Pues que Satanás interfirió. Moisés y Aarón pudieron decir: «Satanás nos estorbó». Coré, Datán y Abiram reclamaron con arrogancia su derecho al sacerdocio, y cierto día se presentaron con incensarios de bronce, se atrevieron impertinentemente a ejercer el ministerio. La tierra se abrió y se los tragó vivos: verdadera profecía de lo que acontecerá a los que se nombran a sí mismos para ejercer el ministerio sacerdotal que nadie puede ejercer sino Jesús.

Se pueden notar paralelismos hoy. Parecía probable que la doctrina de la expiación consumada y el sacrificio acabado de Cristo desbordaran el mundo. Fue un despliegue tan misericordioso de la mente divina que Satanás no pudo verlo sin desear impedirlo. Así pues, si se fija, hallará iglesias en las que los hombres hasta el día de hoy se arrogan un sacerdocio distinto al que es común a todos los santos. Algunos pretenden incluso ofrecer sacrificio diario, celebrar un sacrificio incruento (sin pagar el precio) en lo que llaman altar, y proclaman tener poder para perdonar el pecado, diciendo a los enfermos y moribundos: «Por la autoridad que me ha sido encomendada, te absuelvo de todo pecado». Este es el gran obstáculo para la propagación del evangelio. Así se nos hace exclamar: «Satanás nos estorbó».

Otro ejemplo es el odio satánico. Cuando Josué condujo a las tribus para cruzar el Jordán, el pueblo debía atacar las ciudades que Dios les había dado como herencia, y de Dan a Beerseba toda la tierra sería suya. Después de la conquista de Jericó, el primer contacto que tuvieron con los cananeos acabó en una desastrosa derrota de los siervos de Dios. Está escrito que «huyeron delante de los de Hai» (Josué 7:4). Aquí también se oye el clamor: «Satanás nos estorbó». Acán se había apropiado del anatema y lo ocultó en su tienda; por tanto, Israel no pudo obtener la victoria hasta que se eliminó la causa del sacrilegio. Esto es simbólico para la iglesia actual. Podríamos ir de victoria en victoria, en casa y en las misiones foráneas, si no tuviéramos Acanes en el campamento. La hipocresía en la iglesia, los que hacen profesión de fe como medio para acumular riqueza, los que codician el buen manto babilónico y el lingote de oro, son los que cortan el nervio de la fuerza de Sion e impiden que Israel vaya de victoria en victoria. Poco sabemos acerca de cómo nos obstaculiza Satanás. ¡Cuántos más podrían haber sido añadidos a la iglesia si no hubiera sido por la frialdad de algunos, la indiferencia de otros, la incoherencia de unos cuantos y la mundanalidad de muchos más! Satanás no sólo nos obstaculiza con oposición directa, también nos envía Acanes al campamento.

He aquí otra imagen. Imagínese la reconstrucción de Jerusalén después de ser destruida por los babilonios. Cuando Esdras y Nehemías iban a edificar, el diablo se aseguró de instigar a Sanbalat y Tobías para derribar la obra. Nunca hubo un avivamiento de piedad sin un avivamiento de la antigua enemistad. Si la iglesia de Dios va a ser edificada, ello será en tiempos difíciles. Cuando los siervos de Dios están activos, Satanás no carece de soldados vigilantes que intentan frustrar sus esfuerzos.

La historia del Antiguo Testamento es una historia del empeño que tiene Satanás en contrarrestar la obra de Dios. Lo mismo sucede desde los días de nuestro Señor Jesucristo. Cuando Jesús estuvo en la tierra, Satanás le estorbó. Se atrevió a atacar al Señor a su misma cara; y una vez que fracasó, los fariseos, los saduceos, los herodianos, y toda clase de hombres trataron de frustrar sus planes. Cuando los apóstoles iniciaron su ministerio, Herodes y los judíos obstaculizaron sus movimientos; y cuando la persecución fracasó, brotaron en la iglesia toda suerte de herejías y cismas: Satanás aún les puso dificultades. En no mucho tiempo, el esplendor abandonó a la iglesia y el lustre de la verdad se ausentó, porque por causa de la falsa doctrina, la tibieza y la mundanalidad, Satanás les estorbó. Cuando amaneció la Reforma, si Dios había levantado a un Lutero, el diablo levantó a un Ignacio de Loyola para poner trabas. En Inglaterra, si Dios tuvo sus Latimers y sus Wycliffes, el diablo tuvo sus Gardiners y sus Bonners. Cuando Whitefield y Wesley atronaron como la voz de Dios, hubo réprobos que les obstaculizaron y les deshonraron. Desde el primer momento en que la bondad entró en conflicto con el mal, no ha dejado de ser verdad que Satanás nos ha estorbado. En todos los puntos cardinales, a lo largo del frente de batalla, en la vanguardia y la retaguardia, al alba y a la medianoche, Satanás ha venido estorbando. Si faenamos en el campo, intenta romper el arado; si edificamos los muros, se esfuerza por derribar las piedras; si servimos a Dios en medio del sufrimiento o el conflicto —en todas partes Satanás nos ofrece resistencia.

Las múltiples maneras en que Satanás obstaculiza

El príncipe del mal está muy ocupado en poner trabas a *los que se están acercando a Jesucristo*. A esto dedica la mayor parte de su destreza. Algunos que conocemos al Salvador recordamos los feroces conflictos que sostuvimos con Satanás cuando por primera vez miramos a la cruz y renacimos. Una vez que usted presta atención a las cosas eternas, pasa a ser blanco de profunda turbación. No se maraville de esto. Es normal —tan normal que es casi universal—. Es posible que sus pecados le sean traídos a la memoria, y que la malicia satánica le insinúe que son demasiado graves como para ser perdonados, a lo cual debe contestar con esta verdad: «Todo pecado y blasfemia será perdonado a los hombres» (Mt. 12:31).

Es posible que el pecado contra el Espíritu Santo le acose. Ha leído que todo aquel que diga una palabra contra el Espíritu Santo nunca será perdonado y usted se pregunta si habrá cometido este pecado. Un dato puede animarle: si usted se arrepiente de sus pecados, no ha cometido la ofensa imperdonable, ya que ese pecado implica dureza de corazón para siempre; y en tanto en cuanto el hombre tenga terneza de conciencia y blandura de espíritu, no ha renunciado al Espíritu Santo como para haber perdido su presencia.

Puede ser que usted sea víctima de pensamientos blasfemos. Torrentes infernales de inmundicia pueden haber sido derramados en su alma. No se asombre de esto, ya que es posible que los que se deleitan en la santidad y son puros de corazón sean gravemente probados con pensamientos no nacidos en su corazón, sino inyectados en ellos —sugerencias procedentes del infierno, no de su espíritu; pensamientos odiosos y aborrecibles arrojados en su mente para tratar de entorpecerle—. Aunque Satanás pueda oponérsele, atrévase a confiar en Jesús; le garantizo que experimentará paz y gozo creyendo que vencerá al que sabemos que «nos ha estorbado».

Es seguro que Satanás obstruya a los cristianos *que practican una oración sincera.* ¿No ha experimentado con frecuencia que cuando está orando en serio le viene a la cabeza una cosa u otra para interrumpirle? Quiero decir que cuando la oración es más exitosa, somos tentados a dejar de orar. Si la tentación no llega de esa forma, vendrá de otra —todo para dejar de orar, porque la oración, a fin de cuentas, no le va a ser de provecho.

Lo mismo se puede decir de los *cristianos cuando sienten el impulso del Espíritu Santo o cuando piensan hacer una buena obra.* A veces uno siente que debe de hablar con alguien, pero no lo hace —Satanás le estorba—. Siente que debe visitar a cierta persona, pero no lo hace —Satanás le estorba—. Conoce a un misionero que faena en un distrito necesitado de la verdad, y piensa: «Tengo un poco de dinero para ayudarle», pero luego se le ocurre que hay otra forma de gastar ese dinero más provechosa para usted y su familia —de modo que Satanás le estorba—. Si es posible, Satanás vendrá sobre el pueblo de Dios, cuando proyecta emprender una nueva obra cristiana, para matar sus planes en ciernes y expulsar las sugerencias del Espíritu Santo de sus mentes.

También, cuán a menudo nos estorba Satanás *cuando emprendemos la obra*. En realidad, no debemos esperar tener éxito a menos que oigamos que el diablo hace ruido. Tengo por cierto que estoy haciendo poco bien cuando el diablo está tranquilo. Por lo general, cuando los hombres comienzan a mentir contra usted y a difamarle es señal de que el reino de Cristo está viniendo. ¡Oh, benditas tempestades! No me den tiempo tranquilo cuando el aire es pesado y no se mueve y cuando el letargo repta a mí espíritu. Señor, envía un huracán, danos un poco de tiempo tormentoso. Cuando el relámpago destella y el trueno brama, los siervos de Dios saben que el Señor está a bordo y que su diestra ya no descansa en su regazo, que la atmósfera moral se aclarará, que el reino de Dios vendrá y su voluntad se cumplirá en la tierra, como se cumple en el cielo.

«Paz, paz, paz» es el aleteo de las alas del dragón; la voz firme que proclama guerra perpetua es la voz del capitán de nuestra salvación. Espere lucha y no será decepcionado. Whitefield solía decir que algunos teólogos viven desde el uno de enero hasta el treinta y uno de diciembre sin sufrir un rasguño —el diablo cree que no son dignos de ser atacados—. Pero, decía él, empecemos a predicar el evangelio de Jesucristo con todas nuestras fuerzas y almas y mentes, y pronto los hombres nos tendrán por necios, se burlarán de nosotros y nos ridiculizarán: pero en este caso, mucho mejor. No nos alarmamos, porque Satanás nos estorba.

No sólo nos estorbará en el trabajo: nos saboteará *cuando procuremos unirnos con otros*. Como iglesias locales, nos proponemos hacer un esfuerzo para acercarnos, pero no me extraña que Satanás nos lo impida. Solamente mediante la oración será puesto en fuga y se logrará la unión de las iglesias. Y dentro de la iglesia, no me sorprende que Satanás intente meter su pezuña hendida para evitar que andemos en paz, amor y unidad.

Cómo detectar los impedimentos satánicos

Cuando somos entorpecidos y decepcionados en nuestras intenciones no siempre hemos de concluir que lo ha hecho Satanás, porque muchas veces puede ser debido a la providencia de Dios. Pero ¿cómo puedo discernir cuándo es Satanás el que me obstruye? Primeramente, por el objeto: impedir que Dios se glorifique. Si le ha sucedido alguna cosa que le ha impedido crecer en santidad, eficacia, humildad y consagración, puede atribuírselo a Satanás. Si el claro objeto de la interferencia es que usted se vuelva de la justicia al pecado, por el objeto puede adivinar el autor. No es Dios quien actúa, sino Satanás. No obstante, usted debe de saber que Dios a veces pone obstáculos aparentes en el camino de su pueblo, aun por lo que respecta a su utilidad y crecimiento en la gracia, pero en este caso se ha de considerar su intención: probar a sus santos y fortalecerlos, mientras que la intención de Satanás es apartar a la gente de la senda recta y hacer que transiten por la senda torcida.

Se pueden adivinar las sugerencias satánicas por *el método* en que vienen: Dios tiene buenos motivos, Satanás, malos. Si lo que le ha hecho apartarse de su objeto es un mal pensamiento, una mala doctrina, una mala enseñanza, un mal motivo —no procedió de Dios; debió provenir de Satanás.

También se pueden discernir las sugerencias satánicas por *su naturaleza*. Siempre que un impedimento contra la eficacia es agradable, gratificante para usted, considérelo proveniente de Satanás. Él nunca cepilla las plumas de sus pájaros en sentido contrario; generalmente se ocupa de nosotros conforme a nuestros gustos y preferencias. Él da sabor al cebo idóneo para su pez. Sabe exactamente cómo tratar con cada hombre y sazonar el motivo que corresponde a las sugerencias de nuestra carnalidad. Si la dificultad que aparece en su camino es contraria a su persona, no a su favor, procede de Dios, pero si el impedimento le ocasiona algún tipo de ganancia o de placer, puede estar seguro que proviene de Satanás.

Podemos discernir las sugerencias satánicas por su momento. Por ejemplo, los impedimentos a la oración, si son satánicos, *provienen del curso y relación natural de los pensamientos humanos.* Es una ley de ciencia mental que un pensamiento sugiere otro, y éste otro, y así sucesivamente, como el eslabón de una cadena enlaza con el siguiente. Pero las tentaciones satánicas no sobrevienen según el orden regular del pensamiento —se precipitan sobre la mente de improviso—. Cuando mi alma está orando es antinatural que blasfeme, pero la blasfemia se presenta. Por lo tanto, es claramente satánica y no procede de mi propia mente. Si estoy dispuesto a cumplir la voluntad de mi Maestro y me asalta de repente un pensamiento malvado, puede ser rechazado al instante por no ser mío y ser atribuido al diablo. Creo que puedo asegurar por estos medios cuándo es Satanás el que obstruye, cuándo es nuestro propio corazón, o cuándo es Dios. Debemos tener sumo cuidado en no colocar la montura sobre el caballo equivocado. No culpe al diablo cuando es usted mismo; por otra parte, cuando el Señor pone una barra en su camino, no diga: «Es Satanás», no vaya contra la providencia de Dios. A veces puede resultar difícil discernir la senda del deber, pero si se acerca al trono de Dios en oración, pronto lo descubrirá.

Respuesta a los impedimentos satánicos

Tengo otro consejo que darle; es el siguiente, *prosiga* —con o sin impedimento— por la senda del deber a medida que el Espíritu Santo de Dios le habilita. Si Satanás le obstaculiza, ya he dicho que esta *oposición debería estimularle.* Si puede atribuir claramente la oposición a Satanás, no se quede sentado, presa del temor. Es cosa maravillosa el que usted pueda realmente incomodar al gran príncipe de las tinieblas y vencer su odio. La raza humana se ennoblece cuando entra en conflicto con un género de espíritus y lucha denodadamente con el mismísimo príncipe de las tinieblas. Levántese contra él porque *tiene la oportunidad de obtener mayor victoria que si él se hubiera quedado quieto.* Nunca podría haber obtenido una victoria sobre él si no hubiera entablado batalla con él. Si los demonios no se oponen a mi camino de la tierra al cielo, podré viajar gozoso, tranquilo, pacíficamente, pero, ciertamente, sin notoriedad. Pero como cada paso que nos guía a la gloria es impugnado, cada paso está cubierto de fama inmortal. Persevere, pues; cuanta más oposición, más honor.

Manténgase vigilante contra estos impedimentos cuando considere *qué es lo que pierde si no le resiste y le vence.* Permitir que Satanás me venza sería ruina eterna para mi alma. Ciertamente, se esfumaría para siempre toda esperanza de mi utilidad. Si retrocedo y doy la espalda en el día de conflicto, ¿qué dirá el resto de los siervos de Dios? ¡Qué risotadas de escarnio resonarán en el campo de batalla! ¿Cómo será escoltado el estandarte del pacto en el cieno? No debemos —no osemos— ser cobardes. No nos arriesguemos a dar cabida a las insinuaciones satánicas ni traicionemos al Maestro, porque la derrota sería demasiado terrible para sufrirla. Estimularé su intrepidez recordándole que *su Señor y Maestro ha vencido.* Véale delante de usted. Él ha luchado contra el enemigo y aplastado su cabeza. Satanás ha sido completamente vencido por el Capitán de su salvación, y esa victoria fue representativa —Él luchó y venció por usted y por mí—. Usted tiene que contender con un enemigo derrotado que sabe y siente su desgracia; y aunque pueda luchar desesperadamente, no puede hacerlo con verdadero coraje, porque no tiene esperanza de alcanzar una victoria definitiva. Por lo cual, pelee, porque Cristo le ha sometido. Abajo con él, porque Jesús le tiene bajo sus pies. El triunfo es suyo, porque el Capitán ha triunfado antes que usted.

Por último, recuerde que cuenta con una promesa para fortalecerse. «Resistid al diablo, y huirá de vosotros» (Stg. 4:7). Ministro cristiano, no piense en presentar su dimisión porque la iglesia esté dividida y el enemigo esté avanzando. Resista al diablo. No huya, sino *hágale* huir. Jóvenes cristianos, aunque Satanás se les oponga mucho, redoblen su resolución. Satanás les resiste porque les teme, porque les robaría si pudiera la gran bendición que ahora está cayendo sobre sus cabezas. Resístanle y permanezcan firmes. El que suplica en oración, no se suelte de su Ángel de Pacto, porque si Satanás le resiste es porque la bendición está cayendo sobre él. Los que buscan a Cristo, no cierren sus ojos, no vuelvan la cabeza del árbol de transmisión del Calvario. Satanás se le opone porque la noche casi toca a su fin y el lucero del alba comienza a brillar. Usted, que es penosamente probado, sumamente abatido, suya es la esperanza más luminosa. Tenga coraje ahora, pórtese varonilmente, dé honra a Dios, a Cristo, por su propia alma; y el día llegará cuando usted con su Maestro cabalgará triunfante por las calles de la Nueva Jerusalén —y el pecado, la muerte y el infierno irán cautivos en las ruedas de su cuadriga, y usted irá con su Señor, coronado victorioso, tras superar toda prueba por la sangre del Cordero.

Soldados, protejan sus cabezas. Una herida en la cabeza es un asunto serio. La cabeza es una parte vital, y hay que protegerla bien. El corazón se protege con la coraza, pero la cabeza necesita idéntica protección, porque, aunque un hombre sea sincero, si un disparo le entra por el cerebro, su cuerpo yacerá en el llano. Hay cristianos cuyos corazones se calientan y piensan que con eso basta. Deme sobre todo un buen corazón apasionado, pero un corazón en consonancia con una cabeza bien cuidada. Sepa usted que una cabeza y un corazón calientes provocan mucho daño, pero un corazón caliente y una cabeza fría pueden prestar un gran servicio al Maestro. Abrigue sana doctrina en la cabeza y luego prenda fuego en el alma, y pronto conquistará el mundo. No hay nada que se interponga en el camino de la persona cuya cabeza y corazón andan bien, pero muchos cristianos causan graves problemas por descuidar la cabeza. Apenas son útiles porque no cuidan de sus mentes. Llegan al cielo, pero con escasas victorias, porque no son capaces de entender claramente la doctrina —no son capaces de dar razón de la esperanza que hay en ellos—. En realidad, no se cuidan del yelmo que debe cubrir sus cabezas.

9

El yelmo del cristiano

Con la esperanza de salvación como yelmo — 1 Tesalonicenses 5:8.

La sola mención de un yelmo sirve para recordar a todo creyente que es un soldado. Si ustedes no fueran soldados, no necesitarían armadura, pero como lo son, tienen que estar cubiertos con una armadura de los pies a la cabeza. El soldado cristiano se ha alistado bajo el estandarte de la cruz para luchar contra los poderes de las tinieblas hasta obtener la victoria. Pero a todos se nos ha de recordar que combatir en tiempo de guerra no es una ocupación agradable; y es que la carne intenta siempre rendirse. «Porque no tenemos aquí ciudad permanente» (Heb. 13:14), es una verdad sabida, sin embargo, muchos intentamos hacer que la tierra sea un lugar confortable para nosotros, como si fuera nuestra residencia permanente. Demasiados creyentes actúan como si pudieran ser amigos del mundo y amigos de Dios al mismo tiempo. Zanje el asunto de una vez por todas y decida que es un soldado.

¿Soñó usted, cuando abrazó la fe en Cristo, que el conflicto había concluido? No, fue sólo el principio. Al igual que César, usted cruzó el Rubicón y declaró la guerra a su mortífero enemigo. Sacó su espada, no la envainó. El mensaje que recibió al unirse a la iglesia no fue de felicitación por la victoria obtenida, sino de preparación, porque ahora suena la trompeta y comienza la batalla. Usted es soldado en todo tiempo. Ora esté sentado a la mesa, ora salga al mundo, es un soldado.

Nunca se despoje de su armadura, porque si lo hace, en un momento de descuido puede resultar gravemente herido. Manténgase siempre vigilante y protéjase con su armadura, porque siempre está rodeado de enemigos dondequiera que se encuentre. Y aunque esté rodeado de amigos, hay malos espíritus invisibles que acechan para detenerle. No debe envainar su espada, porque ha de luchar en lugares altos contra principados y potestades y fuerzas espirituales de maldad contra las cuales siempre debe estar vigilante.

Tampoco es un soldado acuartelado, o en casa, sino *apostado en territorio enemigo*. Su puesto está, ora en las trincheras, esperando pacientemente que comience la batalla, ora en medio de la misma. Más o menos, según sus circunstancias, está expuesto al adversario en todo momento de su vida.

Se encuentra *en el país de un enemigo malicioso*. Si cae, entonces muere. El mundo nunca perdona a un cristiano. Le odia con perfecto aborrecimiento y anhela hacerle daño. Si el mundo le ve incurrir en una leve caída, pronto la publicará y la agrandará. Lo que otros pueden hacer pasando desapercibidos, si lo hace un creyente será divulgado y tergiversado. El mundo entiende que usted es su adversario natural. Satanás percibe en usted un representante de su antiguo enemigo, el Señor Jesús, y puede tener plena certeza que él aprovechará cada oportunidad que se le presente para destruirle.

Usted tiene que luchar contra uno que *nunca firmó una tregua*. Podrá llegar a acuerdos y dialogar, pero las fuerzas del mal nunca lo hacen. Puede izar la bandera blanca si lo desea. Puede parecer por un tiempo que él le honra. ¿No da usted nunca reconocimiento a su enemigo? Él le odia cuando parece que más le ama. «Teme a los griegos, aunque vengan con regalos», reza un antiguo dicho. Que el cristiano también tema más al mundo cuando le dedique sus discursos más suaves. Manténganse alerta, guerreros de la cruz, cuando menos teman. El enemigo rastrero se acercará por detrás y les apuñalará fingiendo ser su amigo. Su Maestro fue traicionado con un beso, y usted también lo será, a menos que vigile en oración.

Se enfrenta a un enemigo *que nunca puede hacer la paz con usted, ni usted con él*. Si hace la paz con el pecado, el pecado le conquistará, y es imposible, a menos que se rinda y entregue su cerviz a eterna esclavitud, que pueda tener paz ni siquiera un instante. Oh cristiano,

¡cuán alerta debe estar! ¡Cuán necesario es estar cubierto con su armadura! ¡Cuán necesario es usar el modelo adecuado, mantenerla limpia y llevarla constantemente puesta. El cielo es el país donde su espada será envainada; allá izará alto el estandarte, pero acá luchamos contra el enemigo y debemos hacerlo hasta cruzar el torrente de la muerte. Hasta la orilla misma del río debe dirimirse el conflicto. Pie a pie y centímetro a centímetro debe conquistarse toda la tierra hasta alcanzar la linde feliz con Canaán. No se puede dar ni un solo paso adelante sin conflicto ni lucha. Pero una vez allí, puede quitarse el yelmo, ponerse la corona, dejar la espada y asir su ramo de palma. Sus dedos ya no tendrán que aprender a guerrear, pero su corazón aprenderá la música de los alegres cantores celestiales. Este, pues, es el primer pensamiento: usted es un soldado.

Protección para su cabeza

Soldados, protejan sus cabezas. Una herida en la cabeza es un asunto serio. La cabeza es una parte vital, y hay que protegerla bien. El corazón se protege con la coraza, pero la cabeza necesita idéntica protección, porque, aunque un hombre sea sincero, si un disparo le entra por el cerebro, su cuerpo yacerá en el llano. Hay cristianos cuyos corazones se entusiasman y piensan que con eso basta. Deme sobre todo un buen corazón apasionado, pero un corazón en consonancia con una cabeza bien cuidada. Sepa usted que una cabeza y un corazón fogosos provocan mucho daño, pero un corazón entusiasta y una cabeza fría pueden prestar un gran servicio al Maestro. Abrigue sana doctrina en la cabeza y luego prenda fuego en el alma, y pronto conquistará el mundo. No hay nada que se interponga en el camino de la persona cuya cabeza y corazón andan bien, pero muchos cristianos causan graves problemas por descuidar la cabeza. Apenas son útiles porque no cuidan de sus mentes. Llegan al cielo, pero con escasas victorias, porque no son capaces de entender claramente la doctrina —no son capaces de dar razón de la esperanza que hay en ellos—. En realidad, no se cuidan del casco que debe cubrir sus cabezas.

El texto alude a la cabeza porque habla de un yelmo, y éste sólo es útil para cubrir la cabeza. Entre algunas de las razones por las que debemos preservar la cabeza en el día de batalla, veamos las siguientes.

La cabeza está particularmente expuesta a las tentaciones de Satanás, el yo, y la fama. Es difícil estar de pie sobre el alto pináculo del templo, como hizo Cristo en su tentación, sin que la cabeza dé vueltas. Y si Dios toma a un hombre y le pone en el alto pináculo de la utilidad, el hombre necesita proteger su cabeza. Si una persona es bastante rica, hay gran peligro en esa riqueza, a menos que haya riqueza de gracia. Si un hombre tiene buena reputación, puede que su esfera no sea muy grande, pero si todo el mundo le alaba, también tendrá que tener la cabeza bien protegida, porque un poco de alabanza, aunque venga de necios, sería demasiada para un necio. La hornaza para la plata, y la alabanza para el hombre.

El hombre que puede resistir el elogio puede resistir cualquier cosa. Probablemente la prueba más rigurosa que ha de soportar el cristiano es la que proviene de sus amigos bondadosos, aunque desconsiderados, que le inflan, si pueden, diciéndole cuán buen tipo es. Si sus amigos no hacen esto, es probable que tenga un amigo interior llamado *yo* que se encargue de ello; y si se olvida de alabarse a sí mismo, el diablo no se olvidará; de ahí la necesidad de tener un yelmo para que cuando llegue el éxito, cuando le vaya bien en la vida, cuando sus amigos hablen bien de usted, no se intoxique de encomios. ¡Qué buena cosa es tener un yelmo fresco para ponerse en la cabeza cuando ésta comienza a calentarse con alabanza, para permanecer firme y no hundirse en la vanidad! ¡Oh vanidad!, vanidad, vanidad, ¡a cuántos has asesinado! ¡Cuántos que estuvieron al borde de la grandeza tropezaron en esta piedra! Personas que parecía que iban a entrar en el cielo, pero un poco de honor, de reluciente soborno o de oportunidad dorada, les apartó; y cayeron. Proteja su cabeza.

¿Y acaso no está *expuesta la cabeza a ataques de escepticismo*? Las dudas asaltan desde todos los ángulos posibles y las balas del escepticismo apuntan directamente al cerebro. ¿Qué hacer entonces? Como no podemos apartar a los cristianos de la trayectoria de los proyectiles, hemos de darles un yelmo para preservarles. El que tiene esperanza de salvación —buena esperanza de que verá al fin, con gozo, el rostro de Cristo— no teme los subterfugios del escepticismo. Puede oírlos y por un momento asombrarse, como el soldado que sufre una explosión repentina, e incluso resulta herido, pero después de un tiempo se recupera y se siente suficientemente fuerte como para volver al escenario de conflicto. Cuando un hombre obtiene una participación en el cristianismo, se vuelve muy, muy conservador de la verdad a la antigua usanza. No puede renunciar entonces a la Biblia, porque para él supone una amplia extensión de riqueza. No puede renunciar a Cristo, porque es su Salvador. No puede renunciar ni a una sola promesa, porque todas ellas son preciosas para su alma. Así que, el yelmo de salvación protegerá la cabeza en tiempos de escepticismo.

La cabeza corre grave peligro de sufrir *ataques de incredulidad personal*. ¿Quién entre nosotros no ha dudado de su interés en Cristo? Feliz aquel que está libre de este problema. Pero hay ocasiones en las que algunos devolvemos nuestros títulos de propiedad y a veces tememos que puedan no ser genuinos. Hay veces en las que, si pudiéramos, daríamos el mundo por saber que somos de Cristo. Esto es muy peligroso para la mente. Pero el hombre que tiene el yelmo de una esperanza de salvación saludable, correcta, otorgada por Dios y el Espíritu Santo, cuando llegan estas dudas y temores, pueden angustiarle por un tiempo, pero él conoce el olor de la pólvora y no teme. En medio de todas las acusaciones satánicas, o el alzamiento de sus antiguas corrupciones, o las amenazas de la carne y el mundo, este hombre permanece tranquilo e inamovible porque lleva puesto el yelmo de la esperanza de salvación.

Estos no son los únicos peligros a los que está expuesta la cabeza. *Algunos creyentes son atacados por las amenazas del mundo*, lo que asesta un tremendo golpe de espada doble sobre las cabezas de muchos cristianos. «Sufrirá la pérdida de todas las cosas por Cristo, si es tan fanático. Será pobre, sus hijos pasarán hambre, su esposa estará en peor situación que una viuda, si es tan insensato». «Bueno», dice el cristiano, «puedo ser pobre; puedo ser menospreciado; pero tengo esperanza de salvación». Y cuando llega el golpe, no cae sobre su cabeza, cae sobre el casco, y la espada del mundo se roma o achata. De modo que, gracias al uso de este bendito yelmo, él no es destruido por las amenazas del mundo.

Deseamos que nuestros jóvenes lleven también puesto este yelmo, *debido al error de estos tiempos*. Los jóvenes son tentados por un costado y por el otro. Esto y aquello les reclamará. «Mira aquí» y «mira allá», y habrá muchos engañados que no forman parte del pueblo de

Dios. Pero los escogidos no serán engañados, porque sus cabezas no son vulnerables a tales errores, porque llevan puesta la esperanza de salvación, y no temen ni a los «istas» ni los «ismos» del mundo. Una vez que uno conoce a Cristo personalmente, el mundo le tendrá por estúpido y obstinado, pero usted se mantendrá firme y podrá resistir las burlas y el sarcasmo del mundo. El que ha hecho de Jesucristo su refugio puede estar seguro, cualesquiera que sean los errores que invaden el país.

La verdad es que la iglesia de Dios nunca puede correr peligro. Todo hombre en quien habita la vida de Dios estará tan dispuesto a morir mañana por la verdad como lo estuvieron nuestros padres en los días de la persecución. Puede estar seguro que habrá hombres (y mujeres) que afrontarán tranquilamente la hoguera si los tiempos lo exigen, y las prisiones no quedarán mucho tiempo sin inquilinos con mentalidad celestial si la verdad tiene que ser defendida por medio del sufrimiento, e incluso la muerte. Siempre hay gran peligro en el error. Pero no hay peligro para el hombre que lleva puesto su yelmo. No. No importa que las flechas sobrevuelen con la copiosidad del granizo y los enemigos ostenten todo el poder político y todo el prestigio de la antigüedad que deseen. Un puñado de cristianos sinceros de corazón se levantarán en medio de la embestida y se abrirán camino a la gloria y la victoria a través de grandes huestes, porque sus cabezas están protegidas con el yelmo celestial de la esperanza de salvación. Así pues, soldados, cuiden de sus cabezas.

El yelmo en sí mismo

«La esperanza de salvación». Este yelmo consiste en la genuina esperanza de que por haber sido salvo en Cristo Jesús, usted morará en la vida eterna. Es una esperanza individual fundada en una convicción personal, forjada en nosotros por el Espíritu Santo.

Empezaré, pues, describiendo este yelmo. *¿Quién es el dador?* Si pregunta a un soldado dónde ha obtenido su armadura, le dirá que de los almacenes del estado. Ahí es donde debemos obtener nuestros yelmos. Si usted construye un yelmo de esperanza para sí mismo, no le resultará útil en el día de la batalla. El verdadero yelmo de esperanza debe proceder del arsenal celestial. Hay que ir al almacén divino, porque la salvación viene de Dios, y la esperanza de salvación le será concedida por su gracia inmerecida. La esperanza de salvación no se puede comprar. Nuestro gran Rey no vende su armadura, sino que la da gratuitamente a todos los que se enrolan. De la cabeza a los pies, los soldados de la cruz se visten de gracia.

Se preguntará usted *¿quién es el hacedor de este yelmo?* Las armas suelen ser apreciadas con arreglo a su fabricante. Un fabricante de renombre pone su propio precio a sus artículos. Los armeros antiguos invertían mucho esfuerzo en los antiguos yelmos porque la vida de un hombre dependía de este utilísimo instrumento de defensa. De modo que tenemos el nombre de Dios Espíritu Santo sobre este yelmo. La esperanza de salvación es obra del Espíritu Santo en el alma. Es el Espíritu quien nos lleva a Jesús, nos muestra nuestra necesidad de Él y nos da fe en Él. Es el mismo Espíritu quien nos permite esperar que resistamos hasta el fin y que entremos en la vida eterna. Tenemos una esperanza sobrenatural.

¿Investigará usted *de qué metal está hecho el yelmo*? Se nos dice que está hecho de esperanza, pero es de máxima importancia que sea una esperanza *de buena calidad*. Cuídese de obtener una esperanza ruin, un yelmo fabricado con metal barato. Ha habido yelmos que parecían muy buenos, pero no resultaron más útiles que los sombreros de papel marrón. Cuando un soldado se adentraba en la batalla con uno de ellos, la espada le perforaba el cráneo. Obtenga un buen yelmo (casco), hecho de buen metal. De esto está hecha la esperanza cristiana: el cristiano cree que Cristo vino al mundo a salvar a los pecadores, confía en que Cristo le salva y espera que cuando vuelva reinará con Él —que cuando suene la trompeta resucitará con Cristo— y que en el cielo tendrá una morada segura a la diestra del Padre.

Algunas personas tienen esperanza, pero no saben dónde la han recibido, ni tienen una razón fundada. La esperanza debe tener fundamento; debe tener su propio peso. Tal es la esperanza del cristiano. Dios ha prometido salvar a los que creen. La esperanza del cristiano no es una fantasía ni un deseo ridículo. No brotó por la noche como la calabacera de Jonás ni se marchitará en una noche. La esperanza del cristiano es de tal índole que resistirá el resquebrajamiento de un palo, o el tajo de una espada aguda. Está hecha de buen metal. John Bunyan comentó de cierta espada que era «auténtica hoja de Jerusalén», y yo puedo afirmar que este es un auténtico yelmo de Jerusalén, y que el que lo lleva puesto no tiene por qué temer.

Habiendo mostrado el metal de que está hecho el yelmo, describiré ahora *la resistencia del mismo*. El yelmo es tan fuerte que, sometido a cualquier ataque, el que lo lleva puesto es invulnerable. El portador puede tambalearse bajo un golpe, pero no resultar herido. Recuerde lo que dijo David. Todas las aflicciones del mundo le atacaron al mismo tiempo y le apalearon con golpes terribles. Sus enemigos creyeron, ciertamente, que habían acabado con él. David sangró y estuvo cubierto de heridas. Pensó que moriría y nos confiesa que habría desmayado de no haber tenido consigo un frasco de ungüento llamado fe. Dijo así: «Hubiera yo desmayado, si no creyese que veré la bondad de Jehová» (Sal. 27:13). Pero justo en el momento en que el falso testigo creyó que desmayaría y moriría, de repente, el héroe que mató a Goliat hizo huir a sus enemigos delante de él y exclamó: «¿Por qué te abates, oh alma mía, y te turbas dentro de mí? Espera en Dios» (Sal. 42:5). Y se revolvió a izquierda y derecha como debía: «Porque aún he de alabarle, salvación mía y Dios mío» (Sal. 42:11).

«Espera en Dios», cristiano. ¡Qué bendita es la palabra *ESPERANZA*! Los neozelandeses llaman a la esperanza «el pensamiento nadador», porque siempre flota. No se puede hundir; siempre saca la cabeza por encima de la ola. Cuando alguien piensa que ha ahogado la esperanza del cristiano, ésta resurge y vuelve a exclamar: «Espera en Dios; porque aún he de alabarle». La esperanza es el ruiseñor que canta por la noche; la fe es la alondra que remonta hacia el cielo; pero la esperanza es el ruiseñor que ovaciona en el valle de las tinieblas. Oh cristiano, da gracias por tener un yelmo tan sólido como éste, que soporta todos los asaltos y te mantiene ileso en medio del fragor de la contienda.

Esta esperanza de salvación *es un yelmo que no se saldrá*. Es de suma importancia tener un yelmo que no se caiga nada más comenzar la batalla. El cristiano lleva un yelmo que no se puede salir. Hubo una vez un buen soldado de Jesucristo, una buena mujer, que fue atacada por un escéptico. Como se sintiera muy confundida con algunas de sus espinosas preguntas, ella le respondió diciendo: «Señor, no puedo responderle, pero tampoco puede usted responderme a mí, porque tengo algo dentro de mí que usted no puede comprender, que me hace sentir que no puedo abandonar lo que sé de Cristo ni por todo el mundo». ¿Lo ven? Él no pudo quitarle su yelmo, ni siquiera el diablo puede quitar el yelmo del cristiano una vez que ha sido abrochado. El mundo no puede dar ni quitar la esperanza del cristiano. Tal esperanza proviene de Dios, y Él nunca la arrebatará, porque sus dones y su llamado son irrevocables. Una vez que este yelmo se ha colocado, esperaremos y seguiremos esperando siempre hasta que veamos por fin su rostro.

Me gustaría inspeccionar sus yelmos como hacían los antiguos oficiales de mando. Los oficiales, cuando hacían la ronda por el regimiento, examinaban los yelmos de los soldados para certificar que estuvieran lubricados, ya que en aquellos tiempos se solía lubricar los yelmos para que brillaran y se conservaran en buen estado las junturas y las hebillas. No se consentía que estuvieran oxidados y se suele contar que cuando los soldados marchaban con sus yelmos de bronce y sus plumas blancas brillaban con gran fulgor bajo el sol.

David habló de «ungir el escudo». Se refería al escudo de bronce que tenía que ser ungido con aceite. Cuando Dios unge la esperanza de su pueblo, cuando concede a su pueblo el aceite del gozo, su esperanza resplandece a la luz del semblante del Salvador. ¡Qué excelente formación de soldados se despliega entonces! Satanás tiembla ante el resplandor de las espadas del pueblo de Dios; no puede soportar mirar sobre los yelmos de los santos. Pero algunos cristianos omiten mantener su esperanza clara; no la mantienen resplandeciente. Su esperanza se oxida por falta de uso, con lo que al cabo de no mucho tiempo se asienta incómodamente sobre su cabeza, y se cansan en la lucha. ¡Oh Espíritu Santo, unge nuestras cabezas con aceite fresco y haz que tus santos avancen temibles cual ejército con estandartes!

No se pase por alto que *el yelmo era generalmente considerado insignia de honor*. El hombre colocaba un penacho en su yelmo, solía mostrar su cresta, y en el fragor de la batalla el penacho del capitán se divisaba en medio del humo y el polvo reinantes, y los hombres presionaban hasta el lugar donde lo veían. La esperanza del cristiano es su honor y su gloria. No debo avergonzarme de mi esperanza. Debo exhibirla para mostrar su hermosura y su dignidad, porque el que tiene buena esperanza hará de guía para otros. Otros le verán y lucharán con coraje renovado, por cuanto cerca la senda de sus enemigos. Pero aquellos le seguirán, como también él sigue a su Señor y Maestro, quien ha vencido y está sentado en el trono del Padre.

Cualquier otro yelmo

El Señor Jesús proporciona armadura únicamente a los que están dedicados a su servicio. Pero Satanás también ofrece cascos. Los suyos son muy fuertes. Aunque la espada del Espíritu puede atravesarlos, ninguna otra puede. Satanás puede proporcionar una pieza para la cabeza que cubre todo el cráneo —una gruesa pieza de indiferencia, para que no importa lo que se predique a usted le dé lo mismo.

Después Satanás coloca una pieza en el frontal del yelmo llamada *frente de bronce y ceño de metal.* «¿A mí qué me importa?», protesta usted. Después Satanás se encarga de hacer que el yelmo le tape los ojos para que no pueda ver; y aunque el mismo infierno desfile delante de usted, no lo verá. «¿A mí qué me importa?». Satanás también sabe cómo encajar el yelmo para que actúe como una mordaza en su boca de modo que nunca ore. Puede jurar a través de ella, pero no orar. Se aferra a su antigua protesta: «¿A mí qué me importa?».

No es probable que alguna espada le alcance la cabeza. Los razonamientos no le moverán, porque no se puede razonar muy bien con el pretexto «¿a mí qué me importa?». Pido a Dios Espíritu Santo que llegue a su cabeza, a pesar de ese horrible yelmo, porque si no, Dios tiene una manera de tratar con usted. Cuando le llegue la hora de la muerte ¡cantará otra canción! Cuando llegue a ese lúgubre día en el que aviste la eternidad, no será capaz de decir tan alegremente como lo hace ahora «¿a mí qué me importa?». Y cuando la trompeta resuene en la tierra y en el cielo, y su cuerpo salga de la tumba, y vea al Gran juez en su trono, no dirá: «¿a mí qué me importa?». Su cabeza estará entonces expuesta a la implacable tempestad de la ira divina. Con la cabeza desnuda quedará expuesto a la tormenta eterna que descenderá sobre usted. Y la preocupación descenderá sobre usted como salvaje diluvio cuando sea excluido de su presencia y toda esperanza se haya perdido.

¡Cómo deseo que se despoje de ese otro yelmo! Que Dios le conceda la gracia de desabrochárselo y nunca volvérselo a poner. Debe importarle. Sólo un necio puede decir «¿a mí que me importa?». *¡Claro* *que le importa su alma; claro que merece la pena escapar del infierno; claro que merece la pena ganar el cielo; claro que merece la pena tener en cuenta la cruz en que murió el Salvador!* Que Jesucristo la ayude a confiar en Él y a despojarse de ese mal yelmo, a arrodillarse delante de su cruz y besar sus manos, para que Él le toque con el yelmo dorado de la esperanza de salvación, y se levante como soldado del Rey a pelear sus batallas y adquirir una corona inmortal de victoria eterna.

Nos alegramos de saber que los zapatos están fabricados de un material excelente, y ¿qué mejor material puede haber que el evangelio de la paz y la paz que brota del evangelio? Esto es lo que queremos decir. Creemos en un evangelio que fue concebido según el propósito de Dios desde la eternidad, diseñado con infinita sabiduría, llevado a cabo a enorme precio —costó nada menos que la sangre de Jesús—, propiciado por el poder infinito del Espíritu Santo; un evangelio lleno de bendiciones, superando cualquiera de ellas el valor del mundo; un evangelio tan gratuito como pleno; un evangelio eterno e inmutable; un evangelio en cuya estima jamás podremos excedernos, ¡cuyas alabanzas jamás podremos exagerar! A este evangelio insuperable pertenece su más exquisita esencia —a saber, su paz— y de esta paz están confeccionadas las sandalias con las que un hombre puede pisotear al león y a la víbora, e incluso los consumidores carbones ardientes de la malicia, la calumnia y la persecución. ¿Qué mejor calzado puede precisar nuestra alma?

10

Calzado para los peregrinos y los guerreros

Y calzados los pies con el apresto del evangelio de la paz
—Efesios 6:15

Es evidente que el cristiano debe mantenerse en movimiento, porque aquí hay calzado para sus pies. Se le provee un yelmo para su cabeza, porque ha de ser reflexivo. Su corazón está cubierto con la coraza, porque ha de ser un hombre o mujer de sentimientos. Todo su ser está protegido por un escudo, ya que ha sido llamado a resistir y andar con cautela. Pero es seguro que ha de ser activo, ya que se le proporciona espada para su mano y sandalias para sus pies. Pensar que el cristiano es inmóvil como un poste, e inanimado como una piedra, meramente pensativo, como una caña agitada por el viento, es un completo error. Dios actúa en nosotros, su gracia es el gran poder motivador que asegura nuestra salvación. Pero Él no nos dopa para que caigamos en una sumisión inconsciente ni nos diseña como pieza de movimiento mecánico. Más bien estimula nuestras actividades, nos mueve «a querer y hacer por su buena voluntad». La gracia imparte vida saludable, y la vida se goza en la actividad. El Señor nunca tuvo la intención de que su pueblo fuese como autómatas operados por un mecanismo de relojería, ni estatuas frías y muertas. Él quiso que tuviese vida, que la tuviese en abundancia, y que esa vida de poder estuviese llena de energía. Es verdad que Él nos hace pacer en verdes pastos, pero es igualmente cierto que nos conduce junto a aguas de reposo. Un verdadero creyente es una persona activa; tiene pies y los usa.

El que marcha encuentra terreno escabroso, o si es un guerrero y se lanza a la espesura del conflicto, es atacado con armas, por tanto, necesita llevar calzado apropiado para afrontar el peligro. El cristiano activo y enérgico se enfrenta a tentaciones que otros no conocen. Difícilmente se puede afirmar que las personas ociosas corran peligro; han ido más allá y ya están dominadas. Satanás apenas necesita tentarlas; más bien ellas le tientan, son una masa de fermentación en la que el pecado se multiplica abundantemente. Pero es seguro que los creyentes diligentes, laboriosos, van a ser atacados, lo mismo que los árboles cargados de fruto serán visitados por los pájaros. Satanás no puede tolerar una persona que sirve a Dios seriamente; tal persona perjudica los dominios del archienemigo y, por tanto, tiene que ser incesantemente atacada. El príncipe de las tinieblas intentará, si puede, lesionar el carácter de la persona, interrumpir su comunión con Dios, echar a perder la simplicidad de su fe, provocarle a enaltecimiento en lo que hace, o hacerle desesperar de éxito. De una manera u otra, magullaría, si pudiera, el calcañar del obrero, o le pondría la zancadilla, o le dejaría completamente cojo. Debido a todos estos peligros, la infinita misericordia ha provisto el calzado del evangelio para los pies del creyente, calzado de la mejor calidad, como el que sólo llevan los guerreros que sirven al Señor de los Ejércitos.

Los zapatos

Los zapatos *proceden de un bendito Fabricante*, porque los pies del creyente han de estar calzados con una *preparación* divina. Muchos preparativos e inventos se usan para proteger los pies, pero este es un producto en el que se ha empleado infinita destreza y la misma sabiduría desplegada en el evangelio, que es la obra maestra de Dios. Toda porción del evangelio viene de Dios y todo influjo que lo convierte en evangelio de paz es suyo, por lo que estamos agradecidos de saber que hemos de llevar puesto «el preparativo del evangelio de la paz». No sería conveniente que el que lleva puesto el yelmo de la salvación divina llevara calzados producidos por hombres. Habiendo comenzado en el Espíritu, sería extraño ser perfeccionados en la carne. Nos regocijamos de que todas las piezas de la armadura que componen nuestro arsenal proceden del armero celestial, cuyos productos no tienen defecto.

Nos alegramos de saber que *los zapatos están fabricados de un material excelente*, y ¿qué mejor material puede haber que el evangelio de la paz y la paz que brota del evangelio? Esto es lo que queremos decir. Creemos en un evangelio que fue concebido según el propósito de Dios desde la eternidad, diseñado con infinita sabiduría, llevado a cabo a enorme precio —costó nada menos que la sangre de Jesús—, propiciado por el poder infinito del Espíritu Santo; un evangelio lleno de bendiciones, superando cualquiera de ellas el valor del mundo; un evangelio tan gratuito como pleno; un evangelio eterno e inmutable; un evangelio en cuya estima jamás podremos excedernos, ¡cuyas alabanzas jamás podremos exagerar! A este evangelio insuperable pertenece su más exquisita esencia —a saber, su paz— y de esta paz están confeccionadas las sandalias con las que un hombre puede pisotear al león y a la víbora, e incluso los consumidores carbones ardientes de la malicia, la calumnia y la persecución. ¿Qué mejor calzado puede precisar nuestra alma?

¡Qué material incomparable para el pie del peregrino es la paz del evangelio, la preparación de corazón y de vida, que brota del pleno conocimiento, recepción y experiencia del evangelio en nuestras almas! Significa, en primer lugar, que un sentido de perfecta paz con Dios es la cosa más grande en este mundo para viajar por la vida. Que el hombre sepa que sus pecados le son perdonados por el amor de Cristo, que es reconciliado con Dios por la muerte de su Hijo, que entre él y Dios no hay diferencias, y se convierta en peregrino muy gozoso. Sabiendo que cuando el Señor nos mira su mirada está llena de afecto infinito y sin reservas, que nos ve en Jesucristo lavados de toda mancha de pecado y «aceptos en el amado» (Ef. 1:6), que en virtud de una completa expiación somos reconciliados con Dios para siempre, marcharemos por la vida sin temor, bien calzados y protegidos para sortear todas las dificultades del camino, listos para zambullirnos sin temor a través del fuego y el agua, espinos y cardos. Un hombre en paz con Dios no teme los problemas de la vida ni los terrores de la muerte; la pobreza, la enfermedad, la persecución y el dolor pierden su aguijón cuando el pecado es perdonado. ¿Qué puede temer el hombre que sabe que todo procede de la mano del Padre y que Él procura su bien eterno?

Goliat llevó grebas de hierro en las piernas, pero mejor armado va el que tiene plena seguridad de paz con Dios por medio del evangelio: hollará a sus enemigos, los aplastará como uvas en el lagar. Su calzado será de hierro y de bronce, y así calzado se apostará en los lugares altos de la tierra y sus pies no resbalarán. Aquiles recibió una herida mortal en el talón, pero ninguna flecha puede perforar el talón del hombre cuyos pies están calzados con la reconciliación por la sangre expiatoria. Muchos guerreros han desmayado durante la marcha y caído exhaustos en sus filas, pero ninguna fatiga del viaje puede sobrevenir al hombre sostenido por el Dios eterno, porque su fortaleza será diariamente renovada.

El apresto, o preparación del evangelio de la paz, debe ser comprendido para entender más que la paz legal de la justificación por fe. Debemos experimentar la paz sobreabundante que brota de una íntima e imperturbable comunión con Dios. Deberíamos orar no sólo para sentir que hemos dejado atrás nuestra enemistad natural y entablado paz con Dios, sino también para morar en el gozo pleno de nuestra nueva relación como hijos. Es muy dulce para un hijo de Dios sentir que vive de tal manera que su Padre celestial no tiene motivo para actuar en contra suya. Usted sabe que, como hijo de Dios, no será condenado ni aislado como extraño, pero también sabe que pude desagradar considerablemente a su Padre y hacer necesario que Él le discipline, y esto debe usted evitarlo esforzándose con la mayor diligencia y espíritu de oración. Hay veces en las que el Señor de los peregrinos oculta su rostro de ellos con irritación y disgusto, y después se hace muy duro el viaje. La vida es un «desierto grande y terrible» cuando se retira la presencia del Señor. Cuanto más ama un hombre al Señor, más sufre cuando se produce una suspensión temporal de feliz comunión entre su alma y el cielo, y no puede volver a ser feliz hasta que sabe que le ha sido restaurado plenamente el favor de su Padre.

Oh hijo de Dios, muy pronto tendrá los pies desgarrados con las zarzas del camino si no mora en comunión con Dios. Cuando Adán perdió su intimidad con Dios, descubrió que estaba desnudo. También lo estará usted si pierde su comunión con Jesús. Aunque antes avanzaba raudo en alas de una vida encantadora, hollando el mundo y todos sus afanes debajo de sus pies, se verá traspasado con muchos dolores, sangrando con penas agudas, arañado, desgarrado, lacerado con pruebas, pérdidas, cruces e interminables molestias. Si perseveramos en el amor de Jesús, agradándole en todas las cosas, vigilando celosamente y observando atentamente su voluntad, nuestra mente será guardada por la paz de Dios que sobrepasa todo entendimiento y nuestro camino al cielo será agradable. Aunque de hecho pueda ser muy áspero en sí mismo, y a juicio de otros, será tan llano, por la paz que reina en nuestro interior, que nos gloriaremos en las debilidades, nos regocijaremos en el sufrimiento, y triunfaremos en la angustia, sabiendo que el Señor está con nosotros y que ningún daño nos puede alcanzar. Así pues, la paz que brota de la justificación, y la paz más intensa que mana cuando se disfruta del amor de Dios son una gran preparación para la jornada de la vida, un calzado para el pie de excelencia incomparable.

Hay también una gran sandalia para el pie del peregrino cuando el evangelio de la paz conforma del todo sus pensamientos con la voluntad del Señor. Algunos hijos de Dios no están en paz con Dios porque no se someten plenamente a los propósitos divinos. Para ellos, la vereda del peregrino debe ser dolorosa, porque nada puede complacerles. Su propia voluntad no mortificada les engendra enjambres de irritaciones, pero para los corazones que han crucificado el yo y se han rendido a la voluntad de Dios, son agradables las sendas más espinosas. El que puede decir con respecto a todas las cosas: «Así sea, Padre, porque bien parece a tus ojos», está preparado para recorrer todos los caminos e inclemencias y para proseguir la marcha sin desmayar. Plenamente sometidos a la voluntad divina, los santos son invulnerables e invencibles. «No habrá entre ellos cansado, ni quien tropiece;... a ninguno se le... ni se le romperá la correa de sus sandalias» (Is. 5:27).

Con seguridad, cuando el corazón está en completa sintonía con Dios refleja la verdadera belleza del carácter cristiano. Calzado con perfecta delicia en la voluntad del Señor, uno es capaz de superar todas las pruebas y dificultades que surgen por el camino, porque se torna dulce el sufrimiento cuando uno percibe que es la voluntad de Dios. La resignación es buena, pero el perfecto asentimiento es mejor, y feliz es el hombre que lo siente. Ninguna sandalia de plata fue jamás tan preciosa, ni borceguíes de malla dorada adornados con piedras preciosas refulgieron con gloria tan digna de admirar como la de una mente moldeada según la voluntad divina, en perfecta sintonía con la mente del Señor Altísimo.

La preparación del evangelio de la paz, como podrá ver, es en muchos aspectos, la ayuda más idónea para nuestra jornada hacia la

Tierra Prometida, y el que tiene sus pies calzados con él no tiene por qué temer los caminos pedregosos, las escarpadas rocas o los peligrosos desfiladeros.

Pero el evangelio de la paz tiene otro aspecto positivo, ya que no sólo nos granjea paz con Dios, sino que también nos inspira *paz para con nosotros mismos*. La guerra civil es la peor de las guerras, y el peor conflicto para un hombre es estar en desavenencia consigo mismo. El peor peligro del peregrino cristiano es el que surge de su propio yo, y si el peregrino está molesto consigo mismo, su carrera no puede ser feliz. Es una situación cruel para un hombre el que su propio corazón le condene. ¿En quién buscará defensa cuando su propia conciencia le acusa y sus facultades arrojan contra él la evidencia del rey? Se ha de temer que muchos cristianos hagan habitualmente cosas de las que no les gustaría ser cuestionados conforme a la regla de la Palabra de Dios. Tales personas cierran sus ojos a muchos pasajes de la Escritura o se sienten incómodos con su conciencia. Esto les provoca un viaje desdichado. Es como caminar por un bosque descalzo. Si usted no puede sentirse tranquilo en su corazón, se halla ciertamente en un estado lamentable, y cuanto antes cambien las cosas, mejor.

Pero el hombre que procede con confianza puede afirmar delante del Dios vivo: «Sé que lo que me propongo hacer está bien, y en las consecuencias que puedan sobrevenir tengo un motivo puro y la aprobación del Señor para sostenerme». Tal peregrino está preparado para transitar por terrenos más agrestes y se aferrará gozosamente a su camino hasta el final. Venga lo que venga, si ordenamos nuestros caminos con consideración reverente a los mandatos divinos, seremos capaces de afrontar el futuro con serenidad, ya que no tendremos que acusarnos a nosotros mismos de habernos metido en problemas por el pecado, o de haber perdido el gozo por complacernos en cosas prohibidas. Cuando el creyente se mete en problemas por haber sido celoso para Dios, entonces puede extender su queja delante de Dios con plena esperanza de que Él le sacará de todas sus dificultades, porque está escrito: «Por Jehová son ordenados los pasos del hombre. . . sus pies no resbalarán» (Sal. 37:23, 31). ¡Qué maravilloso es caminar de tal manera que la conciencia esté libre de ofensa hacia Dios y hacia los hombres! —entonces la integridad y la justicia le preservarán, y será afirmado en sus caminos.

Mientras uno camina por los laberintos de la vida, otra forma de preparación del evangelio de la paz nos proporcionará un servicio indispensable —a saber, *paz con nuestros semejantes*—. El evangelio de la paz nos conduce a establecer estrechos vínculos de amistad con nuestros hermanos creyentes, aunque, por desgracia, no es siempre posible evitar las ofensas que surgen, aun con los mejores de ellos. Si no podemos conseguir que todos nuestros hermanos sean amigos, al menos hemos de ser capaces de mantener la paz en lo que depende de nosotros mismos; y si tenemos éxito en esta empresa, no habrá gran desacuerdo, porque siempre hacen falta dos para disputar. Es bueno poder acostarse cada noche sintiendo: «No tengo desacuerdo en mi alma con ningún miembro del cuerpo de Cristo; les deseo a todos ellos lo mejor y les amo de corazón». Esto nos permitirá viajar al estilo real a través de campos que suelen estar plagados con piedras de controversia y espinas de prejuicio. Los conflictos y las disputas teológicas desaparecerían completamente si estuviéramos calzados con el verdadero espíritu del evangelio de la paz. La renuencia a pensar mal de otros cristianos es una sandalia cómoda para el pie, y lo protege de muchas espinas. Llévelas puestas en la iglesia, en todo servicio sagrado, en toda comunión con los cristianos, y hallará que su senda entre ellos se suaviza en gran manera. Se granjeará su amor y su estima y evitará un mundo de envidia y de oposición que de otro modo se interpondría en su carrera.

Es mejor viajar con este calzado de *paz con toda la humanidad*. «Si es posible, en cuanto dependa de vosotros, estad en paz con todos los hombres» (Ro. 12:18). Difícilmente será posible, pero aspire a ello, y si no lo consigue completamente vuelva a intentarlo. No podrá evitar que los inconversos menosprecien su religión, pero usted debe amarles, y poco a poco podrá conseguir que le amen a usted y a su Señor. Si ellos no conviven pacíficamente con usted, ofrézcales, no obstante, su amor y conviva pacíficamente con ellos. No se deje provocar fácilmente, soporte y aguante, ame y perdone, devuelva bien por mal, procure beneficiar incluso al más desagradecido, y viajará al cielo de la manera más agradable. Podrán sobrevenir odio, envidia y persecución, pero un espíritu amoroso embotará sensiblemente su filo, y a menudo heredará la promesa: «Cuando los caminos del hombre son agradables a Jehová, aun a sus enemigos hace estar en paz con él» (Pr. 16:7). Si se propone vengar una ofensa, no le irá bien, o no viajará seguro; pero si de lo profundo de su alma puede afirmar: «Cuando Cristo hizo la paz entre Dios y yo, hizo la paz entre mi enemigo más acerbo y yo», irá adelante como un héroe. Que Dios nos conceda ese espíritu amoroso que procede de una gracia inmerecida y es obra del Espíritu Santo, porque es una sandalia mística que da alas a los pies y aligera una pesada carga.

Habiendo así descrito este calzado del evangelio, me gustaría decir que los pies de nuestro Señor y Maestro se calzaron de esta manera. Jesús fue el Rey de los peregrinos, y su camino más áspero que el nuestro; pero este fue el calzado que Él se puso, y habiéndolo llevado, nos aconseja hacer lo propio. «La paz os dejo, mi paz os doy» (Juan 14:27). Él siempre anduvo en comunión con Dios; y pudo verdaderamente decir: «He descendido del cielo, no para hacer mi voluntad, sino la voluntad del que me envió. El que me envió está conmigo». Siempre escogía el bien de sus elegidos: «Como había amado a los suyos que estaban en el mundo, los amó hasta el fin» (Juan 13:1). Y en cuanto a sus enemigos, sólo derramó oraciones y lágrimas por ellos; estuvo en paz con todos, por encima, alrededor y dentro de Él. Ese carácter pacífico que Él tenía, esa serenidad maravillosa, fue uno de los rasgos más atractivos de su carácter. Nunca anduvo preocupado, turbado o nervioso. No, esa debilidad es *nuestra*, porque nos quitamos el calzado y somos pillados por sorpresa, pero sus pies siempre estuvieron calzados. Él habitó en perfecta paz, por lo cual, fue el Peregrino y el Obrero más noble. Nosotros no podemos llevar mejor calzado que nuestro Señor. Calcemos nuestro corazón con su paz y estaremos regiamente preparados para nuestro viaje.

Puedo añadir que este calzado es de tal calidad que nos servirá para todo el viaje. Nos sentimos más cómodos con nuestros zapatos viejos, porque se adaptan muy bien al pie, pero al final se desgastan: el calzado al que hace referencia el texto es viejo, y a pesar de ello, siempre nuevo. El evangelio eterno nos proporciona paz eterna. Las buenas nuevas del cielo nunca se ponen rancias. El hombre que lleva la preparación del evangelio de la paz andaba cómodo con él en su juventud y será aclamado en sus últimos días. Hizo de él un buen viajero al partir y aún le protegerá en sus últimas pisadas, cuando cruce el río Jordán y escale las colinas celestiales.

Intentemos ponernos este calzado

En este punto, grande es nuestra alegría al descubrir que encaja perfectamente y no necesita ser forzado ni deformado para ponérnoslo. Gracias a un milagro más extraño que la magia, la preparación del evangelio de la paz se adapta a todo pie, ya sea el de un bebé en la gracia, y a el de un perito en Cristo. Ningún hombre puede viajar bien, y mucho menos entablar batalla con éxito, a menos que su ropa sea cómoda, especialmente la parte relacionada con los pies, y aquí tenemos la gran ventaja de que ningún pie se sintió jamás incómodo una vez que se puso este calzado. Los Mefiboset cojos de ambos pies desde su nacimiento descubrieron que este calzado hace milagros y con él saltaron como ciervos en las montañas. El evangelio de la paz nos ayuda en todas las necesidades, sana todas las heridas causadas por nuestros antiguos pecados y conviene a nuestras partes más delicadas. Sea cual sea la debilidad, el evangelio la cubre; sea cual sea la angustia, su paz la alivia. Otros calzados pueden apretar o ser incómodos, pero el que calza la preparación del evangelio de la paz no conocerá angostura de espíritu, porque el evangelio le da descanso en la mente. El auténtico evangelio, verdaderamente creído, significa verdadera paz. Lo que nos perturba es algo extraño al espíritu del evangelio, pero el espíritu de Cristo es el espíritu de paz. ¿Quién no se pondrá este calzado?

Esta preparación del evangelio de la paz es un calzado maravilloso para *proporcionar al que lo calza una pisada firme*. Ciertamente, de este calzado cantó Habacuc: «Jehová el Señor es mi fortaleza, el cual hace mis pies como de ciervas, y en mis alturas me hace andar» (Hab. 3:19). Cuando las personas andan sobre piedras resbaladizas o acantilados peligrosos donde una caída resulta fatal, es fundamental ir calzado de tal manera que el pie se pueda agarrar y sujetar. Nada ayuda al hombre a permanecer firme en el Señor como la paz del evangelio. Muchos creyentes son atacados con errores doctrinales y ceden fácilmente; son asaltados por la tentación y sus pies resbalan. Pero el hombre que está en paz con Dios y confía en el Altísimo nunca será removido, porque el Señor le defiende. Su calzado se asienta sobre certidumbres eternas y se aferra como ancla. Él sabe en quién ha creído y siente en su interior una paz celestial. Díganle que las doctrinas de la gracia son un error, que la salvación es puro albedrío y mérito del hombre, y responderá: «Yo lo tengo claro. Sé que la doctrina de la gracia soberana es veraz por experiencia; sé que tengo paz con Dios». No se le puede desviar ni un centímetro; su credo está entretejido con su conciencia personal y no se le puede convencer con argumentos. En estos días de escepticismo, es bueno estar calzado de manera que uno puede practicar y permanecer en la verdad sin ser zarandeado como el cardo por el viento.

El calzado del texto es igualmente famoso por su *idoneidad para marchar* por el camino de la obligación cotidiana. Los soldados tienen poco tiempo para considerar la comodidad de sus botas, o su aptitud para mantenerse en pie, porque tienen que hacer marchas diarias. Nosotros también tenemos que hacer marchas, pesadas marchas que suponen duro trabajo y prolongado esfuerzo. Un alma en perfecta paz con Dios es apta para acometer los movimientos más severos. Un sentir de pecado perdonado y de reconciliación con Dios nos capacita para cualquier cosa. Cuando la carga del pecado ha desaparecido, todas las demás cargas son ligeras. En todos los ámbitos, un corazón en perfecta paz con Dios es la mejor preparación para progresar y el apoyo más seguro en las pruebas. Pruebe este calzado y comprobará que le ayuda a correr sin cansarse y caminar sin fatigarse. No tiene rival en la tierra; convierte a los hombres en ángeles, para quienes es delicia el deber.

Este calzado del evangelio es también *un eficaz agente de conservación* en todas las asperezas comunes de la carrera de la vida, aunque para la mayoría de nosotros, el camino no sea precisamente suave. El que espere encontrar una andadura mullida en su ruta hacia el cielo está tristemente confundido. Este camino es escabroso, como las pisadas de las cabras de En-gadi, a veces por parajes tan estrechos y tan altos que el ojo del águila no las puede discernir. La sangre de los peregrinos que nos precedieron salpica el camino a la gloria, sin embargo, de todos los peligros que asedian a nuestros pies nos protegerá la preparación del evangelio de la paz: de temores y conflictos, dentro y fuera de la persona, la paz del evangelio ciertamente nos librará. Tal vez nos incomoden más las pequeñas pruebas que las grandes. Ciertamente las soportamos con menos serenidad, pero un corazón pacífico protege al mismo tiempo de pequeños pinchos y de terribles piedras. Cuando la paz de Dios guarde nuestro corazón y nuestra alma sobrellevaremos alegremente las irritaciones cotidianas, como también las tribulaciones extraordinarias.

Este calzado es *adecuado también para escalar*. ¿Practica usted alguna vez el arte santo de la escalada espiritual, con el bendito Espíritu de Dios como guía en el camino? ¿Escala alguna vez el monte Tabor para ser transfigurado con su Maestro? ¿Ha velado con Él una hora y sentido su conflicto y su victoria? ¿Ha divisado alguna vez desde las gloriosas alturas del Pisga la buena tierra y el Líbano, anticipando la gloria que será revelada? ¿Ha estado alguna vez a solas su espíritu en misteriosa comunión con Dios sobre el monte Hermón? Confío en que sepa lo que significa la escalada y que haya disfrutado de una comunión absorta y embelesada con Jesucristo, pero estoy seguro de esto: nunca remontará las alturas si sus pies no están calzados con la paz de Dios. Sin estas sandalias sagradas, no hay escalada. Sólo los que se deleitan en Dios ascenderán al monte del Señor y morarán en su lugar santo.

El corazón preparado con la paz con Dios está debidamente calzado para *correr*, así como para escalar. Hay periodos en los que tenemos que emplearnos a fondo y apresurarnos a paso heroico, porque en ciertos pasajes de la campaña de la vida, las cosas son arrastradas por la tormenta y todas las facultades deben avanzar a máxima velocidad. Turbados de corazón, con ampollas en los pies y rodillas debilitadas, los movimientos son penosamente lentos; pero el gozo del Señor es nuestra fortaleza y en su poder somos como Asael, raudos de pies como las gacelas.

Por último, este calzado es *bueno para pelear*. Esto lo afirma Pablo, por haberlo incluido entre las piezas de la armadura. Según la antigua usanza, pelear significaba luchar codo con codo y pie con pie. Por eso era necesario que los pies estuvieran bien protegidos y, en realidad, bien cubiertos para resultar útiles en el ataque, porque los guerreros rechazaban con los pies, así como con las manos, y muchos enemigos eran derribados con fuertes patadas. Los cristianos deben luchar con todas sus fuerzas y facultades. Se nos ha dado esta gran promesa: «Y el Dios de paz aplastará en breve a Satanás bajo vuestros pies» (Ro. 16:20). ¡Cómo le hollaremos cuando se presente la oportunidad! Tendremos que tener los pies calzados con la preparación del evangelio de la paz para aplastar la cabeza del viejo dragón y triturar sus insidias hasta el polvo, y, con la ayuda de Dios, lo haremos. La Cabeza de nuestro pacto ha pisoteado al viejo siervo y lo mismo harán todos sus miembros.

Me atrevo también a sugerir que la fe como escudo recibe los envites dirigidos contra el hombre mismo. Algunos cristianos piensan que la fe les permitirá escapar de los golpes —que si tuvieran fe todo sería pacífico y tranquilo—. Piensan que van a cabalgar suavemente hacia el cielo, y cantar a lo largo de todo el recorrido. ¿Por qué ponerse entonces la armadura si no van a pelear batallas? ¿Por qué alistarse si uno no va a luchar? ¿De qué sirve un soldado de salón que se queda en casa para ser alimentado por el erario público? No; que el soldado esté listo cuando estalla la guerra; que experimente el conflicto como parte y consecuencia necesaria de su profesión. Pero que esté armado de fe, pues recibirá golpes. El pobre escudo será golpeado y machacado y batido como una casa expuesta a una tempestad. Embate tras embate traquetea sobre él, y aunque desvíe la muerte, el escudo es obligado a oír la incisión y el empujón. Así debe ser nuestra fe —debe sufrir cortes, sobrellevar los golpes.

11

El escudo de la fe

Sobre todo, tomad el escudo de la fe, con que podáis apagar todos los dardos de fuego del maligno —Efesios 6:16.

Todo cristiano, como los espartanos, nace guerrero. Su destino es ser atacado, y su obligación, atacar. Parte de su vida la dedicará a la guerra defensiva. Tendrá que defender la fe que fue una vez entregada a los santos. Tendrá que resistir al diablo. Tendrá que rechazar todos sus ardides, y habiendo hecho todo, permanecer firme. No obstante, será un cristiano ineficaz si sólo actúa a la defensiva. Tiene que ir contra sus enemigos, como también detenerse para responder a sus ataques. Debe de poder decir con David: «Yo vengo a ti en el nombre de Jehová de los ejércitos, el Dios de los escuadrones de Israel, a quien tú has provocado» (1 Sam. 17:45). No combate contra carne y sangre, sino contra principados y potestades. Tiene que disponer de armas para combatir —no carnales— sino «poderosas en Dios para la destrucción de fortalezas» (2 Co. 10:4). No debe contentarse con vivir en la fortaleza, donde está bien protegido y tiene a su disposición municiones de gran potencia, sino que ha de salir a atacar los castillos del enemigo, derribarlos, y expulsar a los cananeos del país.

Hay muchas maneras en las que el cristiano se puede olvidar en buena medida su carácter militar. Y por desgracia, hay muchos que conocen muy poco de la guerra cotidiana a la que llama el Capitán a sus discípulos. Los verdaderos soldados del rey David no sólo estuvieron dispuestos a acompañarle cuando David estuvo en la corte de

Saúl, con los dedos en las cuerdas del arpa, saliendo y entrando delante del pueblo, de modo que «todo Israel y Judá amaba a David» (1 Sam. 18:16), sino también, a entrar con David en la cueva de Adulam, cuando fue proscrito, cuando su carácter hedió en las narices de todo hipócrita y soberbio, y cuando el rey Saúl le perseguía y buscaba su vida. Los que están dispuestos a seguir a Jesucristo en medio de una generación impía y perversa deben ser como los hombres de Neftalí, que arriesgaron sus vidas hasta la muerte en los lugares elevados del campo.

Recordará que Jonatán, de los personajes más dulces de la Palabra de Dios, es uno de los que, al fin y al cabo, poco se puede decir. La vida de Jonatán fue ignominiosa desde el momento en que abandonó a David, y su muerte fue contada entre los caídos ante los filisteos en los áridos montes de Gilboa. Por desgracia, el pobre Jonatán pudo entregar su arco a David, pero no pudo tensarlo por él; pudo entregarle su ropa, e incluso su armadura, pero no se pudo poner la armadura de David. La atracción de la corte de su padre significaba mucho para él, y allí se quedó. En el libro de las Crónicas, en el que el Espíritu Santo ha grabado los nombres de los valientes que estuvieron con David en Adulam, no aparece el nombre de Jonatán. Hoy hay cristianos de esa clase. Profesan una religión muelle que rehúye la adversidad, una religión similar a la caña que se inclina delante de cada ráfaga, a diferencia del cedro de piedad que se mantiene erguido en medio de la tormenta y aplaude con sus ramas el huracán por el mero gozo del triunfo. Tales hombres, como los que rechazaron a David en Adulam, carecen de la fe que comparte la gloria. Aunque salvos, sus nombres no serán hallados escritos entre los valientes que por amor a nuestro Gran Comandante están dispuestos a sufrir la pérdida de todas las cosas y a salir adelante sin que el campamento lleve su vituperio.

También, esos cristianos que se han separado del mundo y se dedican diligentemente a edificar la iglesia tendrán que luchar más que otros que prefieren ser edificados a ser edificadores. Usted recordará cómo llevaron a cabo los judíos su obra, en los días de Nehemías, cuando edificaron los muros de Jerusalén. Con una mano sujetaban la paleta y con la otra el arma. «Los que edificaban, cada uno tenía su espada ceñida a sus lomos, y así edificaban» (Neh. 4:18). Además, había maestros albañiles a lo largo de la muralla, y todos los obreros estaban comprometidos, aunque acá y allá hubiera un centinela listo para tocar la trompeta, para que los obreros asumieran su papel de guerreros, se apresuraran a la batalla y rechazaran a sus adversarios. Si usted es diligente en su servicio a la iglesia de Cristo, pronto tendrá un motivo para defender su causa. La bendición de Dios implica la maldición de Satanás; la sonrisa de Dios comportará ineludiblemente el entrecejo fruncido de Satanás. En función a su inconformidad con el mundo, a su atrevimiento a ser especial —cuando ser especial significa ser justo—, según sea su diligencia en edificar los muros de Jerusalén, se verá obligado a reconocer su carácter de soldado. Para usted el texto resaltará con gran énfasis: «Sobre todo, tomad el escudo de la fe, con que podáis apagar todos los dardos de fuego del maligno».

Comprender la metáfora

La fe se compara aquí con un escudo. Hay cuatro o cinco detalles en los que podemos comparar la fe con un escudo.

La idea natural que descansa sobre la superficie misma de la metáfora es que la fe, como un escudo, nos *protege de los ataques*. Los antiguos usaban distintas clases de escudos, pero en el texto se hace una referencia especial al gran escudo que algunas veces empleaban. Yo creo que la palabra traducida por «escudo» a veces significa una puerta, porque los escudos antiguos eran tan grandes como una puerta. Cubrían completamente el cuerpo. Recordará el versículo en los Salmos que expresa exactamente esta idea: «Porque tú, oh Jehová, bendecirás al justo; como con un escudo lo rodearás de tu favor» (Sal. 5:12). Lo mismo que el escudo cubría al hombre entero, así la fe envuelve enteramente al hombre y lo protege de todos los misiles no importa a qué parte del mismo vayan dirigidos. La fe protege al hombre entero. Que el ataque satánico vaya contra la cabeza, que intente engañarnos con ideas teológicas no resueltas, que nos tiente a dudar de aquellas cosas que hemos verdaderamente recibido. El pensamiento inestable generalmente deriva de la debilidad de la fe. Un hombre con una fe sólida en Cristo se aferra de tal manera a las doctrinas de la gracia que no se puede separar de ellas, no importa lo que se le haga. Sabe en lo que ha creído. Entiende lo que ha recibido. No podría y nunca renunciaría a lo que sabe que es la verdad de Dios, aunque todas las maquinaciones que los hombres conciban le asalten con grandes argucias.

Si bien la fe protege la cabeza, protege también el corazón. Cuando se presenta la tentación de amar el mundo, la fe sustenta pensamientos de futuro y confianza en el galardón que aguarda al pueblo de Dios, y permite al cristiano estimar el oprobio de Cristo como mayor riqueza que los tesoros de Egipto, y de este modo su corazón está protegido. Luego, cuando el enemigo arremete contra el brazo del cristiano que empuña la espada —para incapacitarle, si fuera posible, para un futuro servicio—, la fe protege el brazo como un escudo, y el cristiano es capaz de hacer proezas para su Maestro y seguir adelante, para seguir conquistando en el nombre del que nos amó.

Suponga que la flecha apunta a los pies del creyente y que el enemigo intenta hacerle tropezar en su vida cotidiana —se esfuerza por engañarle en relación a la rectitud de su andadura y su conversación—. La fe protege los pies del creyente, y éste se mantiene firme en lugares resbaladizos. Ni su pie resbala ni el enemigo puede triunfar sobre él. O suponga que la flecha va dirigida contra la rodilla, y Satanás procura debilitarle en oración diciéndole que Dios no escuchará su clamor. Su fe le protege, y con el poder de la fe, con confianza, él tiene acceso a Dios y se acerca a su trono de misericordia. O que la flecha vaya dirigida contra la conciencia del creyente y lleve en sus alas el recuerdo de algún pecado reciente, con todo, la fe protege la conciencia, porque su plena seguridad de expiación apaga los dardos de fuego con el delicioso texto: «La sangre de Jesucristo su Hijo nos limpia de todo pecado» (1 Juan 1:7). De modo que no hay parte del cuerpo que no esté segura. Aunque Satanás atacará, ciertamente, al creyente desde todas las direcciones, no importa, que venga por donde le plazca.

La fe no sólo protege al hombre entero. El apóstol Pablo sugiere que *la fe también protege la armadura del hombre*. Después de mencionar varias piezas, Pablo asegura: «Sobre todo». El hombre de Dios ha de llevar puesto el cinturón y la coraza, y ha de ir calzado, y llevar su yelmo. Pero, aunque todos ellos constituyan la armadura, no obstante, la fe es la defensa de sus defensas. Así pues, la fe protege al hombre y también su gracia. Podrá percibir esto fácilmente. Satanás ataca algunas veces nuestra sinceridad; intenta cortar el cinturón de la verdad. Pero la fe nos permite ser completamente sinceros, como

Moisés, que abandonó Egipto, no temiendo la ira del rey, y rehusó ser llamado hijo de la hija de faraón. Luego, el enemigo atacará a menudo nuestra justicia, intentando golpear nuestra coraza. Pero la fe entra en acción y nos permite exclamar como José: «¿Cómo, pues, haría yo este grande mal, y pecaría contra Dios?» (Gn. 39:9). O como Job, exclamamos: «Hasta que muera, no quitaré de mí mi integridad» (Job 27:5).

¿Ve usted como la fe protege la coraza y el cinturón? Todas nuestras virtudes son incompletas en sí mismas, precisan que la gracia las preserve, y esa gracia nos es dada por fe. ¿Es usted manso? Cubra su mansedumbre con fe, o dará pie a un hablar precipitado. ¿Está llenó de resolución? Que su decisión esté protegida con confianza en Dios, o su resolución puede vacilar y ceder. ¿Tiene usted espíritu de amor y de gentileza? Cuídese de llevar el escudo de la fe, o su gentileza puede trocarse en ira y su amor en amargura. Todo debe ser cubierto por el escudo súper protector y triunfante de la fe.

Me atrevo también a sugerir que la fe como escudo recibe los envites dirigidos contra el hombre mismo. Algunos cristianos piensan que la fe les permitirá escapar de los golpes —que si tuvieran fe todo sería pacífico y tranquilo—. Piensan que van a cabalgar suavemente hacia el cielo, y cantar a lo largo de todo el recorrido. ¿Por qué ponerse entonces la armadura si no van a pelear batallas? ¿Por qué alistarse si uno no va a luchar? ¿De qué sirve un soldado de salón que se queda en casa para ser alimentado por el erario público? No; que el soldado esté listo cuando estalla la guerra; que experimente el conflicto como parte y consecuencia necesaria de su profesión. Pero que esté armado de fe, pues recibirá golpes. El pobre escudo será golpeado y machacado y batido como una casa expuesta a una tempestad. Embate tras embate traquetea sobre él, y aunque desvíe la muerte, el escudo es obligado a oír la incisión y el empujón. Así debe ser nuestra fe —debe sufrir cortes, sobrellevar los golpes.

Sin embargo, algunas personas, en vez de usar el escudo de la fe, para encajar los golpes, se escabullen cobardemente. Se avergüenzan de Cristo, no le profesan, o habiéndole profesado se esconden porque se conforman con el mundo. Quizás, sean incluso llamados a predicar el evangelio, pero lo hacen de una manera callada y tranquila. A diferencia de Juan el Bautista, son «cañas sacudidas por el viento». Nadie habla mal de ellos, porque no causan ningún perjuicio al reino de Satanás. Contra ellos el diablo nunca ruge. ¿Por qué habría de hacerlo? «Déjenles tranquilos», dice, «mil de esta clase no harán temblar mi reino».

Otros usan el escudo de la presunción, pensando que todo está bien cuando es mentira. Cauterizada su conciencia, como con hierro al rojo vivo, no temen las reprensiones de la ley de Dios. Muertos incluso a la voz del amor, no se inclinan a las invitaciones de Cristo. Siguen por su camino, sin cuidarse de ninguna de estas cosas. La presunción les da seguridad. Su escudo les permite ir por el mundo tranquilamente, diciendo, «paz, paz», donde no hay paz. Pero levante el escudo de la fe con el emblema enrojecido en la sangre de la cruz y muchos caballeros del infierno estarán dispuestos a derribarle.

Adelante, campeón, adelante, en nombre del que con usted está. Ninguna lanza puede perforar este escudo; ninguna espada podrá jamás atravesarlo: le guardará en toda batalla y contienda; usted tendrá que transportarlo; por medio de él será más que vencedor. La fe, pues, es como un escudo porque tiene que ser *fuerte*. Un hombre con un escudo de cartón puede levantarlo contra su enemigo, pero la espada lo atravesará y penetrará en su corazón. El que usa un escudo debe asegurarse que sea un escudo fuerte. El que tiene fe verdadera blandirá tal escudo que verá las espadas de sus enemigos temblar cada vez que le asestan un golpe. Y si sus lanzas llegan a contactar con este escudo, se harán añicos o se doblarán como cañas contra la pared —no pueden atravesarlo, sino que serán apagadas o deshechas.

Usted dirá, ¿cómo entonces sabremos si nuestra fe es adecuada? He aquí una prueba: debe constituir una sola pieza. Un escudo que consta de tres o cuatro piezas no será útil. Su fe debe ser de una sola pieza; debe ser fe en la obra acabada de Cristo. No debe de tener confianza en sí mismo ni en ningún otro hombre, sino descansar completa y enteramente en Cristo, o su escudo no le será útil. Además, su fe deberá proceder de una forja celestial, o ciertamente le fallará. Luego, procure que su fe sea tal que sólo descanse sobre la verdad, porque si hay algún error o idea falsa en su formación, ello significará que hay una juntura por la que puede penetrar la lanza. Debe cuidar que su fe esté alineada con la Palabra de Dios, que dependa de promesas reales y verdaderas, y no de ficciones ni sueños de hombres. Y, sobre todo, debe cuidar que su fe esté puesta en la persona de Cristo, porque nada más que una fe en la persona divina de Cristo y en su verdadera condición humana, sacrificado por nosotros como Cordero de Dios en la pascua —ninguna otra fe será capaz de resistir los tremendos impactos e innumerables ataques que uno ha de recibir en la gran batalla de la vida espiritual.

Para continuar, la fe es como un escudo porque no sirve de mucho si no es *bien manejada*. Un escudo tiene que ser manejado, y lo mismo ocurre con la fe. El soldado que al acudir a la batalla dijo que tenía un escudo, pero que lo había dejado en casa, sin duda, era un necio. Así también, algunas personas ridículas tienen fe, pero no la llevan consigo cuando la necesitan. La llevan consigo cuando no hay enemigos delante. Cuando todo va bien para ellos, entonces pueden creer, pero cuando llega el apuro, su fe fracasa.

El manejo del escudo de la fe es un arte sagrada. Le explicaré cómo puede ser esto. Lo manejará bien cuando pueda citar las promesas de Dios contra los ataques del enemigo. El diablo le dice: «Un día caerás empujado por la mano del enemigo». «No», dice la fe, «porque estoy persuadido de que el que comenzó la buena obra en mí, la perfeccionará hasta el día de Jesucristo». «Pero», dice Satanás, mientras dispara otra flecha, «eres débil». «Sí», dice la fe, manejando su escudo, «pero "mi fuerza se perfecciona en la debilidad". Por tanto, me gloriaré en mis debilidades, para que el poder de Cristo repose sobre mí». «Pero», le dice Satanás, «grande es tu pecado». «Sí», dice la fe, esgrimiendo la promesa, «pero Él es poderoso para salvar a todos los que se acercan a Dios por medio de Él». «Pero», le vuelve a decir el enemigo, blandiendo su espada y lanzando una tremenda estocada, «Dios te ha abandonado». «No», responde la fe. «Él aborrece el abandono; no echa fuera a su pueblo; ni tampoco abandona a su heredad». «Pero, al final te tendré», dice Satanás. «No», dice la fe, rompiéndole la mandíbula, «Él ha dicho: "Yo doy a mis ovejas vida eterna; ellas nunca perecerán, ni nadie las arrebatará de mi mano"». Esto es lo que yo entiendo por manejar el escudo.

Hay otra manera de manejarlo —no meramente con las promesas, sino con la doctrina—. «¿Qué» —pregunta Satanás— «hay en ti para que seas salvo?». Pero la fe se levanta, manejando esta vez doctrinalmente el escudo, y responde, «¿no ha elegido Dios a los pobres de este mundo, ricos en fe, y herederos del reino que ha prometido a los que le aman?». «Pero», dice él, «aunque Dios te haya escogido, al final puedes ciertamente perecer». Y entonces, el cristiano, manejando una vez más su escudo doctrinal de la fe, asegura: «No, yo creo en la perseverancia definitiva de los santos, porque está escrito: "A los que me diste, yo les guardé, y ninguno de ellos se perdió"». De modo que, si entendemos las doctrinas de la gracia, no hay una que no sirva, a su manera, a nuestra defensa contra los fieros dardos del maligno.

Además, el soldado cristiano debería saber manejar el escudo de la fe conforme a las reglas de la observación. «Pero», dice el enemigo, «has caído en pecado y Dios te abandonará». «No», dice la fe, «porque David tropezó, y ciertamente, el Señor le sacó del horrible pozo y del fangoso barro». Usar este escudo en modo de observación es muy útil cuando nota cómo ha tratado Dios con el resto de su pueblo, porque tal como trata a uno, así trata al resto, y puede arrojar esto a la cara de su enemigo: «Recuerdo los caminos de Dios. Traigo a la memoria sus proezas antiguas. Y digo: "¿Ha desechado Dios a su pueblo? ¿Ha abandonado a sus escogidos? Y como nunca ha hecho tal cosa, levanto mi escudo con gran coraje y declaro que nunca lo hará; Él no cambia; y al igual que no ha abandonado a nadie, tampoco me abandonará a mí».

Luego, otra manera de manejar este escudo es experimentalmente. Cuando uno puede mirar atrás, como el salmista, a la tierra del Jordán y de los hermonitas, desde el monte de Mizar, cuando puede volver a los días antiguos y recordar su canción en la noche, cuando su espíritu puede exclamar: «¿Por qué te abates, oh alma mía, y por qué te turbas dentro de mí? Espera en Dios; porque aún he de alabarle, salvación mía y Dios mío» (Sal. 42:11). Algunos podríamos contar tantas liberaciones que no sabríamos dónde acabar y apenas dónde comenzar. ¡Qué grandes maravillas ha hecho Dios por nosotros! Nos ha llevado a través del fuego y del agua. Su gloria ha aparecido entre las villanías y calumnias de los hombres a quienes hemos estado expuestos. Manejemos, pues, nuestro escudo, según las reglas de la experiencia, y cuando Satanás nos diga que Dios nos fallará al final, repliquémosle: «Estás mintiendo, y te digo a la cara que lo que nuestro Dios era en el pasado lo es en el presente, lo será en el futuro, e incluso hasta el fin». Los jóvenes soldados de Cristo aprenden bien el arte de manejar su escudo.

Por último, por lo que respecta a la metáfora, el escudo era el emblema de honor del guerrero y, más especialmente, en días posteriores a los de Pablo. En la época de la caballería, el guerrero portaba su símbolo sobre su escudo. La fe es como un escudo porque porta la gloria del cristiano: es el escudo de armas del cristiano. ¿Y qué es ese escudo de armas? El mejor escudo de armas del cristiano es la cruz de su Salvador —esa cruz ensangrentada, siempre teñida de sangre, pero nunca manchada; siempre resplandeciente con brillo de rubí, siempre pisoteada y siempre triunfante; siempre despreciada, pero siempre glorificada; siempre atacada, pero sin ofrecer resistencia, y más que vencedora—. Póngase su escudo de armas sobre su escudo e ícelo. Que la cruz enrojecida de sangre sea su elección. Y cuando la batalla haya concluido, colgarán su escudo en el cielo; y cuando los viejos blasones hayan pasado y los leones y tigres y toda suerte de cosas extrañas se hayan desvanecido del recuerdo, esa cruz y su viejo escudo abollado serán honorables con muchos triunfos delante del trono de Dios. Sobre todas las cosas, pues, tome el escudo de la fe.

Ejecutar la exhortación

«Sobre todas las cosas tome el escudo de la fe». Si usted envía a un siervo a hacer un recado y le dice: «Compra esto y lo otro, pero sobre todo consigue tal y tal cosa», él no entendería que puede descuidar alguna cosa, sino percibiría que una parte de su misión reviste una importancia especial. Que así sea con nosotros. No hemos de descuidar la sinceridad, la justicia o la paz, pero, sobre todo, lo más importante, hemos de procurar que nuestra fe ande bien, que sea verdadera fe, y que cubra nuestras virtudes de los ataques.

La necesidad de una fe verdadera está claramente explicada en el texto. Se sabe que los antiguos usaban pequeños dardos —tal vez ligeras flechas de caña untadas con veneno—. Estas flechas eran llamadas dardos encendidos porque tan pronto tocaban la carne o rozaban la piel, inyectaban tóxica ponzoña en las venas. A veces, los antiguos también empleaban dardos, cuyas puntas se habían impregnado en algún líquido inflamable, que ardían en vuelo para incendiar las tiendas de sus adversarios o quemar casas en ciudades asediadas. Pero la fe tiene poder para apagar. Ve la tentación, o la blasfemia, o la insinuación que viene contra ella con veneno y con fuego para quitarle la vida y quemar su bienestar. La fe atrapa el dardo; no sólo lo recibe, sino que le quita el aguijón y apaga su fuego.

Es maravilloso cómo a veces Dios permite que su pueblo viva en medio de tentaciones y tribulaciones como si no sufrieran ninguna. Hay veces en las que, aunque todo el mundo hable en contra nuestra, nuestra paz es como un río y nuestra justicia como las olas del mar. Realmente, en esas ocasiones podemos afirmar: «Ahora me encuentro en el lugar adecuado; aquí es donde debo estar —fuera del campamento, llevando el vituperio de Cristo»—. La alabanza del hombre es mortífera y detestable; su censura es buena y divina. Que venga; no puede deshonrar, sí ennoblecer. Y así suele suceder que la fe apaga el fuego del ataque; más aún, convierte el ataque en consuelo, saca miel de la ortiga y dulces de gozo del ajenjo y la hiel. «Sobre todo, toma el escudo de la fe».

Otra recomendación que aporta el texto es que la fe por sí sola, sin las otras piezas de la armadura, es capaz de apagar *todos* los dardos. El yelmo puede solamente desviar los dardos dirigidos contra la cabeza. El pie sólo está protegido con las sandalias, y el pecho con la coraza, pero la fe protege contra todos los ataques. Cultive todas las virtudes, pero sobre todas ellas tenga fe, porque la fe cura todos los males. Es buena para todo —buena para fortalecer al tímido, para hacer sabio al imprudente, para dar valentía al abatido y para proporcionar discreción al demasiado audaz—. No hay aspecto en el que la fe no resulte útil; por tanto, si deja algo fuera, cuide de su fe.

Se nos dice más arriba que tomemos el escudo de la fe *porque la fe nos preserva de toda suerte de enemigos*. ¿Los dardos encendidos de los *malvados*? ¿Alude esto a Satanás? La fe le responde. ¿Alude esto a los hombres malvados? La fe les resiste. ¿Alude al yo malvado? La fe lo puede vencer. ¿Alude al mundo entero? «Esta es la victoria que ha vencido al mundo, nuestra fe» (1 Juan 5:4).

No importa quién sea el enemigo. Aunque toda la tierra este en guerra, esta fe puede apagar todos los dardos de fuego del maligno. Por eso, sobre todo, tome el escudo de la fe. Sé que hay algunos que enseñan a dudar como un deber. Yo no puedo —no me atrevo—. En las competiciones griegas antiguas, la meta del enemigo era acercarse lo suficiente como para apartar el escudo y apuñalar por debajo de la armadura. Esto es lo que quiere hacer Satanás. Cuide de su escudo. No viva en perpetua incredulidad. No esté siempre desanimado. Ore a su Dios hasta que pueda decir: «Yo sé a quién he creído, y estoy seguro que es poderoso para guardar mi depósito para aquel día» (2 Ti. 1:12). David dijo: «Di a mi alma: Yo soy tu salvación» (Sal. 35:3). «Jehová es mi luz y mi salvación» (Sal. 27:1). «El Señor es mi pastor» (Sal. 23:1). Job también pudo decir: «Yo sé que mi Redentor vive» (Job 19:25). Pablo pudo hablar con plena confianza dondequiera que iba. ¿Por qué vamos a conformarnos con decir «espero, confío», cuando ellos sabían y estaban persuadidos? Que así sea con nosotros. La incredulidad nos deshonra, nos debilita, destruye nuestro consuelo, impide que seamos útiles. La fe nos hará felices, útiles, y nos permitirá honrar a Dios sobre la tierra y disfrutar de su presencia mientras estamos en las tierras bajas de este mundo.

Una palabra de consuelo

En *El progreso del peregrino* de John Bunyan, Cristiana, Misericordia y los niños llaman a la puerta. Cuando llamaron, el enemigo, que vivía en un castillo cercano, envió un gran perro que ladraba de tal manera que Misericordia se desmayó y Cristiana sólo se atrevió a volver a llamar, y cuando logró entrar estaba temblando. Al mismo tiempo, en el castillo había hombres que disparaban dardos encendidos a todos los que intentaban entrar, y la pobre Misericordia estaba sumamente asustada por causa de los dardos y del perro. No importa lo que Satanás lance contra usted, sepa que no hay nada que pueda proporcionar paz y gozo a su corazón salvo la fe. Satanás teme su fe. Arroje de sí las mentiras que le entorpecen y le descubren, dejándole inerme a sus ataques. Tome el escudo de la fe.

Con tal escudo de la fe diga a Satanás: «En el nombre de Dios me atrevo a creer». «Eres un gran pecador», le dice él. «Sí, pero yo creo que Él es un gran Salvador». «Pero tú has pecado más allá de toda esperanza». «No, en Él hay perdón, para que sea reverenciado». Pero él dice: «Estás excluido». «No», dirá usted, «aunque me mate, confiaré en Él». «Pero tu enfermedad es duradera». Pero usted declara: «Si sólo tocara el borde de su manto quedaré limpio». Pero Satanás le vuelve a decir: «¿Cómo te atreves? ¿Tendrás tal insolencia y desfachatez?».

«Bueno», dirá usted, «si perezco, confiaré en Cristo, y sólo pereceré en Él». Tenga bien establecido en su alma que, sean verdaderas o falsas las acusaciones de Satanás, usted tratará de darles cumplida respuesta solamente confiando en Cristo. Entonces disfrutará de paz y gozo incomparables.

Ojalá que usted creyese en Jesús *ahora mismo.* Deje sus sentimientos, sus obras y sus deseos, y confíe en Cristo. Diga a Dios: «Presiento que eres misericordioso. Si hay un miserable fuera del infierno que merece estar en él, ese pecador soy yo. Si hay uno que siente que contra él se rebela la tierra para tragárselo, y contra el que se rebela el cielo y exclama «que el rayo le destruya, y el mar se lo trague», y las estrellas anuncian «heridle con pestilencia», y el sol reclama «chamuscadle», y la luna pide «que sea destruido», y el moho proclama «devoraré sus cosechas», y la fiebre declara «cortaré el hilo de su vida —si existe tal miserable fuera del infierno, ése soy yo»—. No obstante, diga a Dios: «Yo creo en tu misericordia, creo en tu promesa, creo en tu Hijo Jesucristo, creo en su preciosa sangre y heme aquí. Haz conmigo como te plazca»—. Diga esto y obtendrá paz, perdón y misericordia.

A través de un hábito pecaminoso prolongado, un hombre se puede cubrir de una armadura impenetrable, pero la Palabra de Dios quiebra el mejor acero. El Espíritu Santo puede hacer que un hombre sienta el poder divino de la Palabra sagrada en el mismísimo centro de su ser. Para batallar contra los espíritus del hombre, o contra los espíritus de índole infernal, no hay arma tan aguda, tan afilada, tan capaz de separar las coyunturas y los tuétanos, tan penetrante, que conoce los pensamientos y las intenciones del corazón. La Palabra en manos del Espíritu no deja cortes en la carne, sino en el corazón del hombre, tan profundos, que no hay curación, salvo por el poder sobrenatural. La conciencia herida sangrará. Su dolor se sentirá de día y de noche, y aunque se procuren mil medicamentos, un solo ungüento puede curar el corte que inflige esta espada terrible. Esta arma es de doble filo. En efecto, es todo filo, y allá donde toca, hiere y mata. El que usa la Palabra en las batallas del Señor puede esgrimirla sobre esperanzas carnales y después revolverse contra temores de incredulidad. Puede golpear con un filo el amor al pecado y con el otro el orgullo del fariseísmo. Está espada maravillosa del Espíritu de Dios es un arma vencedora en todos los sentidos.

12

La espada del Espíritu

Y tomad... la espada del Espíritu, que es la palabra de Dios
—Efesios 6:17.

Ser cristiano es ser un guerrero. El buen soldado de Jesucristo no debe esperar encontrar las cosas fáciles en este mundo, porque el mundo es un campo de batalla y la ocupación del cristiano es la guerra. Mientras se pone pieza por pieza de la armadura que le ha sido provista, el creyente se puede decir sabiamente a sí mismo: «Esto me advierte del peligro; esto me prepara para la guerra; esto profetiza adversidad y oposición».

Las dificultades nos salen al paso aun estando en nuestro propio terreno, y el apóstol Pablo, dos o tres veces, nos exhorta a: «Permanecer firmes». En el hervor de la batalla, los hombres pueden caer derribados. Si logran mantenerse en pie, saldrán victoriosos; pero si son derribados por la avalancha de adversarios, todo se habrá perdido. Tiene que ponerse la armadura celestial para poder permanecer, y la va a necesitar para mantener la posición en que su Capitán le ha colocado. Si la mera permanencia exige todo este cuidado, considere lo que requerirá la guerra. El apóstol también habla de *confrontación,* además de permanencia. No sólo hemos de defender, sino también atacar. No basta con no ser conquistados; tenemos que conquistar; de ahí vemos la necesidad de empuñar un arma con la que luchar. El nuestro, por tanto, es un duro conflicto, de permanencia y confrontación, y vamos a necesitar toda la armadura del divino Capitán, toda la fortaleza del poderoso Dios de Jacob.

Resulta claro, por el texto, que nuestra defensa y victoria se han de obtener luchando. Muchos intentan transigir, pero si usted es un verdadero cristiano, no podrá hacer bien este negocio. El lenguaje del engaño no se aviene con una lengua santa. El adversario es el padre de la mentira, los que están con él entienden el arte del equívoco, pero los santos lo aborrecen. No hemos recibido orden de nuestro Capitán de concertar una tregua u ofrecer concesiones. Se dice que, si cedemos un poco, quizás el mundo ceda un poco también, y podrá resultar algo bueno. Pero no hay tal cosa. No cabe esperar victoria siendo neutrales y lo más agradables que podamos con los enemigos de nuestro Señor, participando en sus placeres y probando sus manjares. Pero estas órdenes no están aquí escritas. Usted tiene que asir su arma y salir a pelear.

Tampoco puede soñar con ganar la batalla por accidente. Ningún hombre ha sido nunca santo por azar. La negligencia puede causar enorme daño, pero ningún hombre venció jamás con ella la batalla de la vida. Dejar que las cosas vayan a su aire es permitir que nos arrastren al infierno. En vez de ello hemos recibido órdenes de orar siempre y velar constantemente. La nota que destaca es ésta: ¡TOME LA ESPADA! ¡TOME LA ESPADA! Ya no se trata de conversación, ni debate, ni componenda. La expresión atronadora es, *¡Tome la espada!* La voz del Capitán es clara como una trompeta. Ningún cristiano será obediente al texto a menos que con firmeza clara, cortante, decisiva, con coraje y resolución, empuñe la espada. Debemos ir al cielo con la espada en la mano por todo el camino.

Es reseñable que sólo se provea un arma de ataque, aunque la armadura conste de varias piezas. El soldado romano normalmente transportaba una lanza además de una espada. Pero Pablo, por excelentes razones, concentra nuestra arma ofensiva en una, porque responde a todas las necesidades. Hemos de usar *la espada*, y sólo ella. Si no se ha de tener otra, cuídese de tener ésta siempre en la mano. Que la voz del Capitán resuene en su oído: «*¡Toma la espada!*», y salga así al campo de batalla.

La espada que ha de llevar

La Palabra de Dios que ha de ser nuestra arma es de noble origen: «la espada del Espíritu». Tiene las propiedades de una espada, que le fueron otorgadas por el espíritu de Dios.

Aquí cabe notar que *el Espíritu Santo tiene una espada.* Él es tan silencioso como el rocío, tan tierno como el aceite de la unción, tan suave como la brisa del atardecer, y tan pacífico como una paloma, y sin embargo, empuña un arma mortal. Él es Espíritu de juicio y Espíritu de fuego, y no lleva la espada en vano. De Él se puede decir: «El Señor es hombre de guerra: su nombre es Jehová».

La Palabra de Dios en mano del Espíritu hiere terriblemente y hace sangrar el corazón humano. ¿No fue usted sajado hasta el corazón por ella, y se enfadó con ella? Tal vez casi tomó la resolución de apartarse del evangelio. Esa espada le persiguió y le traspasó en el secreto de su alma, haciéndole sangrar en muchos puntos. Por fin sintió «comezón en el corazón», que es mucho mejor que recibir un «tajo hasta el corazón»; y entonces se practicó la ejecución. Esa herida fue mortal, y nadie, sino el que había matado, podía dar vida. ¿Recuerda cómo, después de esto, sus pecados fueron borrados uno tras otro? Sus cuellos fueron colocados sobre la piedra, y el Espíritu actuó como verdugo con su espada. Después de esto —bendito sea Dios— sus temores, sus dudas, desesperanza e incredulidad fueron también descuartizados por la misma espada. La Palabra le dio vida, pero antes fue una gran asesina. Su alma era como un campo de batalla después de una gran refriega, bajo las primeras operaciones del Espíritu divino, cuya espada no vuelve vacía del conflicto.

No yerre, el Espíritu de Dios está en guerra con el Amalek del mal y el error de generación en generación. Él no perdonará ninguna de las maldades que ahora contaminan a las naciones; su espada nunca estará quieta hasta que todos los cananeos sean destruidos. El Espíritu Santo glorifica a Cristo no sólo por lo que revela, sino también por lo que revoca. La contienda podrá ser fatigosa, pero se librará de siglo a siglo hasta que el Señor Jesús aparezca. Para siempre el Espíritu de Dios abrazará la causa del amor contra el odio, de la verdad contra el error, de la santidad contra el pecado, de Cristo contra Satanás. Saldrá airoso, y los que están con Él serán, por su poder, más que vencedores. El Espíritu Santo ha proclamado guerra y esgrime una espada de doble filo.

El Espíritu Santo sólo empuña la espada de la Palabra de Dios. Este libro maravilloso, que contiene las afirmaciones de la boca de Dios, es la única espada que el Espíritu Santo escoge para sus fines bélicos. Es un arma espiritual, por lo cual, muy adecuada para el Espíritu Santo. Las armas de esta guerra no son carnales. Él nunca usa persecución ni patrocinio, fuerza ni soborno, destello de grandeza ni terror de potencia. Él actúa en los hombres por su Palabra, que se adecúa a su propia naturaleza espiritual y a la obra espiritual que se ha de llevar a cabo. Aunque espiritual, esta arma es «poderosa en Dios». Un tajo de la Palabra de Dios parte el espíritu del hombre de la cabeza a los pies, tan cortante es esta espada.

A través de un hábito pecaminoso prolongado, un hombre se puede cubrir de una armadura impenetrable, pero la Palabra de Dios quiebra el mejor acero. El Espíritu Santo puede hacer que un hombre sienta el poder divino de la Palabra sagrada en el mismísimo centro de su ser. Para batallar contra los espíritus del hombre, o contra los espíritus de índole infernal, no hay arma tan aguda, tan afilada, tan capaz de separar las coyunturas y los tuétanos, tan penetrante, que conoce los pensamientos y las intenciones del corazón. La Palabra en manos del Espíritu no deja cortes en la carne, sino en el corazón del hombre, tan profundos, que no hay curación, salvo por el poder sobrenatural. La conciencia herida sangrará. Su dolor se sentirá de día y de noche, y aunque se procuren mil medicamentos, un solo ungüento puede curar el corte que inflige esta espada terrible. Esta arma es de doble filo. En efecto, es todo filo, y allá donde toca, hiere y mata. El que usa la Palabra en las batallas del Señor puede esgrimirla sobre esperanzas carnales y después revolverse contra temores de incredulidad. Puede golpear con un filo el amor al pecado, y con el otro el orgullo del fariseísmo. Está espada maravillosa del Espíritu de Dios es un arma vencedora en todos los sentidos.

La Palabra es la única espada que usa el Espíritu. Yo sé que el Espíritu Santo usa sermones de gracia, pero sólo en proporción a la Palabra de Dios que contienen. Sé que el Espíritu Santo usa libros, pero únicamente en tanto en cuanto exponen la Palabra de Dios en otro lenguaje. La convicción, la conversión y la consolación sólo son forjadas por la Palabra de Dios. Adquiera, pues, la sabiduría de usar la Palabra para propósitos santos. El Espíritu tiene gran capacidad para hablar de sí mismo aparte de la Palabra escrita.

El Espíritu Santo es Dios, por tanto, es el mayor espíritu del universo. En Él habita toda la sabiduría. Él concibió las leyes que gobiernan la naturaleza y dirigen la providencia. El Espíritu Santo es el gran maestro de los espíritus humanos: Él enseñó a Bezaleel y a los artífices en el desierto a confeccionar el lino fino y preparar el oro y la obra tallada para el tabernáculo. Todas las artes y las ciencias le son perfectamente conocidas, e infinitamente más de lo que los hombres pueden llegar a descubrir. No obstante, en defensa de su pacto, no usa filosofía ni ciencia ni retórica. Para contender contra las potestades de las tinieblas, «la espada del Espíritu es la palabra de Dios». «Escrito está», es el trazo maestro del Espíritu. Las palabras que Dios ha hablado en boca de hombres santos de la antigüedad, grabadas en la página sagrada —éstas son el hacha y las armas de guerra de su Espíritu—. Este Libro contiene la Palabra de Dios y es la Palabra de Dios; y tan eficaz estima el Espíritu Santo esta arma contra el mal que sólo usa esta espada en el gran conflicto contra el poder de las tinieblas.

La Palabra es la espada del Espíritu porque es hechura suya. El Espíritu Santo no usará un arma de fabricación humana, no sea que la espada se jacte contra la mano que la esgrime. El Espíritu Santo reveló el pensamiento de Dios a la mente de los santos. Él habló la palabra en sus corazones y les hizo pensar como quiso que pensaran y escribir lo que quiso que escribieran, de modo que lo que declararon y escribieron fue declarado y escrito por el Espíritu Santo. Bendito sea el Espíritu Santo por elegir a tantos autores y, sin embargo, ser Él mismo el verdadero Autor de esta colección de libros sagrados. Estamos agradecidos por cada contribuyente, pero, sobre todo, al Editor y supervisor, por ser Autor último de todo el volumen sagrado.

El guerrero pone cuidado en la calidad y hechura de su espada. Si un hombre forjara su propia espada, templaría el metal, sometería la hoja a muchos fuegos y la perfeccionaría al máximo, y luego, si fuese diestro artesano, tendría confianza en su espada. El Espíritu Santo mismo ha escrito este Libro: cada porción del mismo lleva sus iniciales y su impronta, de modo que tiene una espada digna de su propia mano, una auténtica hoja de Jerusalén de calidad celestial. Él se deleita en usar un arma de tan divina hechura y la usa gloriosamente.

La Palabra de Dios es también espada del Espíritu porque Él le da el filo cortante. Por cuanto el Espíritu está en ella, por eso la espada es tan aguda y cortante. Yo creo en la inspiración de las Sagradas Escrituras desde el día en que fueron escritas en adelante y hasta el día de hoy. La Palabra sigue siendo inspirada; el Espíritu Santo sigue latiendo en las palabras escogidas. Le dije que la espada era todo filo, pero añadiré que es el Espíritu Santo quien hace que así sea. La espada no tendría ningún filo si no fuera por la presencia del Espíritu en ella y su perpetua actuación a través de ella. ¿Cuántas personas leen Biblias y no obtienen por ello mayor beneficio que si leyeran un periódico? Los ministros del evangelio pueden predicar la Palabra de Dios con toda sinceridad y pureza, y, sin embargo, si el Espíritu de Dios no está presente, es como si predicaran ensayos morales. El Espíritu Santo cabalga en la cuadriga de la Escritura y no en el carro del pensamiento moderno. La Escritura es el arca del pacto que contiene la urna de oro del maná y está iluminada con la luz divina del resplandor de Dios. El Espíritu de Dios actúa en, por, a través de, y con la Palabra, y si atendemos a ella, podemos estar seguros que el Espíritu Santo nos acompañará y hará que nuestro testimonio manifieste poder. Pidamos al bendito Espíritu que ponga filo en nuestro testimonio, no sea que digamos mucho y obtengamos poco.

Es la «espada del Espíritu» porque *solo Él nos puede enseñar a usarla.* Una espada es un arma que puede herir a la persona no adiestrada en su uso. Y nadie puede blandir debidamente la espada del Espíritu con excepción de los que han sido instruidos en hazañas bélicas. De este modo son conocidos los elegidos de Dios —en que aman la Palabra de Dios y disciernen entre ella y las palabras de los hombres—. Tenga en cuenta que los corderos de un rebaño de mil ovejas que pacen en el campo, encuentran, cada uno de ellos, a su propia madre. Así también un hijo de Dios sabe dónde ir en busca de la leche que alimenta a su alma. Las ovejas de Cristo conocen la voz del Pastor en la Palabra, y no seguirán a un extraño. El pueblo de Dios tiene discernimiento para descubrir y saborear la Palabra de Dios. No será confundido por astutas artimañas de humana invención. Los santos conocen las Escrituras por instinto. La vida santa, que Dios ha infundido en los creyentes por su Espíritu, ama las Escrituras y aprende a usarlas para propósitos santos.

Joven soldado, debe acudir al campo de instrucción del Espíritu Santo para ser espadachín experto. El Espíritu Santo tiene que tomar las cosas de Cristo y revelárnoslas. Él tiene que enseñarnos a empuñar esta espada por fe y a sujetarla, vigilantes, para esquivar la estocada del adversario y llevar la guerra a territorio enemigo. Está bien entrenado el que puede esgrimir esta gran espada de doble filo de un lado a otro, abriendo una senda en medio de sus oponentes y venciendo hasta el fin. Puede requerir largo tiempo aprender esta destreza, pero contamos con un Preceptor magistral. Los que han militado en este conflicto por treinta o cuarenta años presienten que aún no han alcanzado pleno dominio de esta espada. Yo sé que necesito diariamente ser enseñado a usar esta arma misteriosa, que es capaz de lograr mucho más de lo que me puedo imaginar. Es la espada del Espíritu, adaptada al uso de un brazo Todopoderoso, y por tanto, capaz de hacer mucho más de lo que pensamos. ¡Espíritu Santo, enséñanos a realizar nuevas proezas bélicas con esta espada tuya!

Sobre todo, es la espada del Espíritu porque *Él es el gran Maestro en usarla.* ¡Oh, que Él viniera y nos enseñara cómo la puede hendir y clavar! Con esta espada Él ha segado la cabeza de muchos Goliat de duda y exterminado hordas de preocupación y de incredulidad. El Espíritu acumula montones sobre montones de degollados cuando la Palabra de convicción avanza, y los hombres ven que el pecado es pecado y caen como muertos delante del Señor y su ley. Por medio de la espada del Espíritu Dios ha dejado huellas de su poder en nuestro ser interior más profundo. El gran gigante de la duda está gravemente herido por la Palabra del Espíritu —es más, completamente muerto—, porque el Espíritu actúa en el creyente con tal convicción de la verdad que garantiza el destierro de la sospecha. Cuando el Espíritu Santo trata con las concupiscencias de la carne, los deseos de los ojos y la vanagloria de la vida, éstos también se rinden a sus pies, como trofeos ante el poder de su poderosa arma, cual es la Palabra de Dios. El Espíritu Santo es glorioso en el uso de su espada. Él sabe que esta arma se adecúa a su mano, y no busca otra. Usémosla nosotros también y alegrémonos de hacerlo. Aunque es la espada del Espíritu, nuestra débil mano puede empuñarla y, al hacerlo, descubrir que algo del poder divino se manifiesta en nuestro brazo.

¿No es un gran honor que a los soldados de la cruz se les ordene tomar la espada del Espíritu? Al recluta no se le confía la espada del general, pero aquí uno está armado con el arma del Espíritu Santo y llamado a portar esta espada sagrada tan gloriosamente blandida por nuestro Dios y Señor. ¿Pregunta el corazón tímido: «Cómo voy a hacer frente a mis adversarios?». «He aquí», dice el Espíritu Santo, «toma ésta. Es mi propia espada. Yo he hecho grandes proezas con ella. Tómala, y nada se te podrá resistir». Cuando recuerde la potencia de esta espada, cuando el Espíritu la pruebe en usted, puede empuñarla con confianza y usarla en su guerra santa con plena seguridad. La Palabra de Dios que le convirtió a *usted* puede convertir a cualquiera. Si pudo acabar con su desesperanza, puede eliminar el desaliento de otros. Si venció su orgullo y su voluntad propia, puede someter lo mismo en sus hijos y vecinos. Habiendo hecho lo que ha hecho por usted, puede tener plena persuasión de que ante su poder ningún caso es desesperado. Procure no usar ninguna otra arma que la espada del Espíritu, que es la Palabra de Dios.

Esta espada tiene que ser nuestra

Nuestra guerra no es juego de niños: *necesitamos una espada.* Tenemos que lidiar con encarnizados enemigos que únicamente han de ser confrontados con las mejores armas. Usted podrá tener un espíritu muy tranquilo, pero no sus adversarios. Si intenta jugar a la guerra, ellos no. Confrontar los poderes de las tinieblas no es fingir batalla. Nada menos que su condenación eterna satisfará los corazones diabólicos de Satanás y su cuadrilla. En este combate, usted tendrá que usar tal espada que hasta los espíritus malignos la puedan sentir. Para sobrevivir en esta lucha y salir siempre victorioso se verá forzado a pelear de cerca. El enemigo apunta al corazón y lo consigue. Una lanza no bastará, ni arco ni flechas. El enemigo está demasiado cerca en todas las cosas, salvo en la lucha mano a mano. Y nuestros enemigos no sólo están en nuestra casa, sino también en nuestro corazón. Yo hallo un enemigo dentro que está siempre cerca, y no me puedo alejar de él. Pero la espada corta del Espíritu Santo hiende y apuñala, cerca y ahora. No hay onda ni piedra que nos sirvan aquí, por eso debemos tomar la espada. Tiene que matar a su enemigo o él acabará con usted.

El uso de la espada es necesario para atacar. No bastará para el cristiano guardarse del pecado y evitar la tentación; tiene que atacar los poderes del mal. En nuestro caso, el mejor método de defensa es el ataque. Lleve la guerra al territorio enemigo. No se limite a ser sobrio, ataque la embriaguez. No se contente con evitar la mentira, sino desenmascárela dondequiera que se manifieste. No se limite a ser devoto, sino ore por el avance del reino —ore siempre—. No se limite a decir: «Mantendré alejado a Satanás de mi familia educando a mis hijos correctamente», sino lleve a sus hijos a la escuela dominical y enseñe a otros niños, de manera que traslade la guerra más allá de la frontera. Si hubiéramos combatido más contra el enemigo en el mundo, nunca habría podido invadir la iglesia tan terriblemente como lo ha hecho. Ataque con la espada, ya que este es su llamado y esta es su mejor defensa.

Necesitamos la espada para luchar de verdad. ¿Cree usted que puede soñar que va al cielo, o que va a llegar allá en la cuadriga de la comodidad, o volar en las alas de bandas musicales? Comete un grave error si se imagina que puede hacerlo. Una verdadera guerra es virulenta, sus adversarios actúan con seriedad letal, y usted debe tomar *esta espada, la Palabra de Dios*. Esta espada ha llevado a cabo tantas proezas que es preferible a cualquier otra opción. Ninguna otra rivalizará con el arma del enemigo. Si luchamos contra el diablo con la razón humana, la primera vez que nuestra espada de madera entre en contacto con una tentación satánica, quedará hecha añicos. Si usted no esgrime una auténtica hoja de Jerusalén, se verá en grave peligro. Su arma se quebrará por la empuñadura, y ¿cómo quedará usted? Indefenso, sin nada más que la empuñadura de una espada rota en su mano, será objeto de la burla de su adversario. Tiene que tener *esta* espada, porque ninguna otra hendirá al enemigo ni resistirá toda la batalla. La Palabra de Dios permanece para siempre, ninguna otra cosa. Nuestra consagración puede servirnos bien en los primeros días, pero fracasaremos en la ancianidad sin verdades eternas a las que recurrir.

Puedo recomendar esta espada porque se adapta a toda mano. Pueden usarla tanto los jóvenes como los ancianos. Los niños y niñas salen de la escuela bíblica para pelear la batalla de su juventud con la Palabra de Dios, porque la Sagrada Escritura guía y deja huella en las vidas más tiernas. Usted que ya peina canas apreciará la Biblia más que nunca, y descubrirá que esta espada es la mejor para los guerreros veteranos. He aquí una espada adecuada para todos, que fortalece la mano del más endeble y apacible. El Espíritu Santo ha preparado en la Palabra sagrada un instrumento bélico apropiado para mentes grandes y pequeñas, para el culto y el inculto. ¡Maravillosa espada es ésta, que en mano de la fe revela una adaptación maravillosa y un máximo grado de eficiencia!

Se nos ordena *tomar esta espada*. Note que no se nos dice que podemos despojarnos de ella. El mandato de tomar la espada es continuo, y no hay ninguna indicación de suspensión posible. Hay un tiempo, por supuesto, en el que el soldado puede poner la espada a un lado y quitarse la armadura. Pero nunca lo hay para el cristiano. Cabría pensar, por lo que se ve últimamente, que llegan órdenes del cuartel general de abandonar la Palabra de Dios y tomar armas más ligeras. Los pasatiempos y las diversiones se usan ahora para hacer lo que el evangelio no ha logrado conseguir. ¿No es triste? Lo único que puedo afirmar es que el que intenta entretenerse con esos juguetes ridículos no tendrá autoridad de su Señor para usarla con garantías.

Las órdenes vigentes son tomar la espada del Espíritu. Todas las demás cosas, con seguridad, fracasarán. No se nos dice que colguemos la espada para exhibirla. Ciertas personas tienen una Biblia admirablemente encuadernada sobre la mesa de su más espaciosa sala, la cual es, desde luego, hermoso objeto de decoración. Pero no tolere que su amor por la Biblia termine ahí. La espada de un soldado que está en el frente no debe colgar en su tienda de campaña, pues ha sido forjada para ser usada. Tampoco hemos de introducir la espada en una funda, como hacen muchos que toman la Biblia y añaden tanta crítica u opinión propia que su filo no causa efecto. Su amplio conocimiento constituye una hermosa vaina, en la que introducen la espada diciendo: «¡Quédate ahí tranquila! ¡Oh espada del Señor, descansa y estate tranquila!». Después de predicar de corazón, y de haber percibido los hombres el poder que tiene, hacen un esfuerzo desesperado por encerrar la Palabra en su teoría incrédula o en su mundanalidad. Sujetan firmemente la Palabra temiendo que su filo, o su punta, pueda herirles. Es la vaina de la cultura, o la filosofía, o el progreso, y en ella introducen la Palabra viva de Dios como en un ataúd.

No hemos de enterrar la Palabra bajo otras cuestiones, sino tomarla como espada, lo que significa, tal como yo lo entiendo, primeramente, *creer en ella*. Crea cada fragmento de ella. Créala con fe verdadera y genuina. Créala de hecho, cada día, de modo que influya en su vida. Y después de creerla, *estúdiela*. Escudriñe la Palabra de Dios. Quizá usted ha leído todo lo que el Señor ha hablado. Tiene que leer la Biblia de cabo a rabo, de principio a fin. Comience hoy y persevere regularmente a través de todo el libro sagrado, con oración y meditación. Que no haya que decir que Dios ha grabado verdades en su Palabra que usted nunca ha leído. Estudie la Palabra y desentrañe su significado. Zambúllase en el espíritu de inspiración. Más oro obtiene quien más excava en la mina. Cuanto más profundice bajo la dirección del Espíritu, mayor será la recompensa que obtendrá por su esfuerzo.

Tome la espada asiéndola con fe sincera, bien sujeta con un conocimiento más profundo, y luego ejercítese diariamente en usarla. No tardará en presentarse una ocasión en un mundo como éste. Tendrá que esquivar, horadar, cortar y matar con ella. Empiece por su casa, y por muchos días tendrá las manos llenas. Cuando haya degollado a todos los rebeldes en casa —y mucho antes— puede virar hacia el mundo que le rodea. Dentro de su corazón hallará una cuadrilla de bandidos que deben ser exterminados. Siempre habrá necesidad de mantener la espada dentro de su territorio. Concluya esta guerra civil antes de afrontar frentes exteriores. Cuando la guerra interna de la ciudad de Alma-humana haya resultado victoriosa, asedie el corazón de su amigo, su hijo, su vecino. He aquí, el mundo está en poder del maligno. Abundan los errores y colosales sistemas de falsedad siguen en pie. Los hombres siguen siendo arrastrados por el archi-engañador. Claro que sentimos nuestras espadas fuera de sus fundas cuando pensamos en los millones cuyas vidas están siendo destruidas por el pecado y el error. ¡Bendita arremetida sobre los poderes de las tinieblas!

Hemos de tomar esta espada para poder permanecer y resistir. Si quiere permanecer firme, saque la espada y destruya sus dudas. ¡Cuán furiosamente ataca la incredulidad! Ahí llega una duda acerca de su elección. Perfórela con la Palabra. Luego llega una duda tocante a la sangre preciosa. Pártala de la cabeza a los pies con la Palabra segura: que la sangre de Jesús nos limpia de todo pecado. Aquí llega otra duda, y ahí llega otra. Tan velozmente como pueda agitar su brazo, esgrima textos de la Escritura contra cada nueva falacia, contra cada negación de la verdad, y deshágalas todas ellas con el estoque de la Palabra.

Descubrirá que las tentaciones también sobrevienen en hordas. Salga a su paso con los preceptos de la Escritura y degüelle incluso el deseo del mal aplicando la Santa Palabra del Espíritu. El lavamiento del agua por la Palabra es un limpiador glorioso. El desánimo aparecerá como la niebla de la mañana. Que la Palabra de Dios lo aleje con los rayos de sus promesas. Sus aflicciones se multiplicarán y no podrá superar la impaciencia y la desconfianza, excepto por la Palabra infalible de Dios. Pero puede soportar pruebas y sobrellevarlas pacientemente si usa el arma para matar la ansiedad. «Permanecerá firme en el día malo», y habiendo hecho todo, seguirá firme si tiene esta espada en su mano.

Y no sólo ha de mantenerse firme para auto-preservarse, sino que también tiene que ganar almas para Cristo. No intente vencer el pecado en otros, o capturar un corazón para Cristo, a menos que sea con la espada del Espíritu. ¡Cómo se ríe el diablo cuando intentamos hacer conversos sin la Sagrada Escritura y el Espíritu Santo! Se ríe porque se burla de nuestra insensatez. ¿Qué puede hacer usted contra hombres cubiertos de la cabeza a los pies con armaduras de acero de hábitos pecaminosos? Maestros de escuela dominical, enseñen a sus alumnos más y más la pura Palabra de Dios. Predicadores, no intenten ser originales, sino conténtense con tomar las cosas de Cristo y declárenlas a la gente, porque eso es lo que hace el Espíritu Santo, y serán sabios si usan su método y su espada. Ningún pecador será salvo, excepto por el conocimiento de las grandes verdades contenidas en la Palabra de Dios. Nadie vendrá jamás al arrepentimiento, la fe y la vida en Cristo aparte de la constante aplicación de la verdad por medio del Espíritu. Yo oigo grandes gritos, grandes ruidos por todas partes, sobre las grandes cosas que se van a hacer: veámoslas. Si el campeón sale con otra espada que no sea la Palabra de Dios, mejor será que no se jacte, porque volverá con su espada rota, su coraza echada a perder, y él mismo, sucio y deshonrado. Al hombre que abandona la Palabra del Señor le espera siempre la derrota.

Recuerde que el texto está en tiempo presente: *tome la espada del Espíritu ahora mismo*. Los creyentes atraviesan, corren toda clase de peligros. Tomen la espada del Espíritu y vencerán a cualquier enemigo. «Oh», dice uno, «he tenido el hábito de pecar, y ese hábito está muy arraigado en mí». Luche contra los hábitos pecaminosos con la Palabra de Dios: domine su yo maligno. Busque un texto de la Escritura que apuñale el corazón de su pecado. «Por desgracia, Satanás me tienta horriblemente», dice otro. ¿De verdad? ¿Es usted el primero? Nuestro Señor en el desierto fue tentado por el diablo. Podría haber luchado contra Satanás con mil armas, pero escogió derrotarle con esta única arma: «Escrito está». Pinchó al archienemigo tan agudamente con esta punta afilada que él trató de usar la misma espada y también se puso a decir: «Escrito está». Pero se cortó con ella, porque no citó los pasajes correctamente, y el Maestro halló la manera de despojarle de su espada y herirle aún más gravemente.

Siga el ejemplo de nuestro Señor. Alguno dirá: «Pero yo estoy deprimido». Muy bien. Combata la depresión con la Palabra de Dios. Yo he hallado que cuando pongo una promesa debajo de mi lengua, como un caramelo, y la mantengo en la boca o en la mente todo el día, me siento bastante feliz. Si no puedo hallar un pasaje de Escritura que me consuele, mis aflicciones se multiplican. Combata el desaliento y la desesperanza con la espada del Espíritu. Yo no sé cuál pueda ser su dificultad concreta en este momento, pero le ofrezco esta orientación para todo combate santo: «Tome la espada del Espíritu, que es la Palabra de Dios». Tiene que vencer a todo enemigo, y esta arma es todo lo que necesita.